노을빛 인생

노을빛 인생

신아출판사

|머|리|말|

저자 차오석은 1937년 7월 12일 전북 완주군 삼례읍 황금동에서 태어나 죽음의 문턱까지 넘나들면서 참으로 많은 고초와 시련을 극복해야만 했던 성장과정을 거치며 보냈습니다.

더욱이 어린 시절부터 어머님의 따뜻한 사랑 한번을 받지 못하고 자랐지만 단 한 번도 남을 해하는 말과 행동, 거짓말하지 않고 바르게 살아왔습니다.

무엇보다 진실이 표출되어야 하며 어떤 글을 쓴다는 것은 좀 더 확신이 있어야 하며 자신의 단점조차도 거짓 없이 토해내 독자에게 솔직하게 전개시키는 것이 자서전의 화두가 된다고 생각됩니다.

필자는 명문가 출신도 아니며 촌자 농부의 빈가에서 제대로 좋은 학교도 다니지 못하고 서라벌예대 역시 야간대학으로 다녔습니다. 4·19혁명으로 끌려가 어쩔 수 없이 학업을 중단한 후 혜월스님의 은사 혜암 스님의 법사의 입성만 득도 삼안거, 무언만행성만 취득하여 성만하게 되었고 조계종에서 1985년 태고종으로 승단에 전종하여 종립대학 포교학과를 수료하게 되었습니다.

그렇게 오랜 시간 동안 현새까지 불교의 전법포교에 몸 바쳐 수행 정진하고 이 책을 집필하였습니다. 그동안 여러 신문매체를 통하여 수필도 써봤지만 참으로 망설이고 망설이다가 큰 결심으로 출간하게 되었습니다.

비록 제 나이 칠십에 그린문학회를 만나 그동안 많은 수필과 시집을 내 왔으나 문학인으로서 활동은 하지 않았지만 앞으로는 적극적으로 그린문학회 활동도 하고 헌신적으로 집필하여 맑고 밝은 청렴한 맘을 담아 자라나는 청소년들에게 정의로운 진리의 등불이 되도록, 노력하겠습니다. 인간, 체 근담과 성현의 말씀들로 갈수록 각박하고 무미건조한 우리의 삶에서 서로를 믿고 아껴주며 사랑을 줄 수 있는 정감이 넘치는 수필을 전개할까 합니다.

독자 여러분, 머리글이 미숙한 소납 진각 합장하며 머리 숙여 기도 올립니다. 감사합니다.

|축|사|

새싹이 세상을 향해 고개를 내민다.
엊그제 작은 씨앗을 뿌렸는데 싹이 나고 잎과 꽃이 피어 우리에게 아름다움과 풍요로움으로 돌아왔다.
진각대사께서 살아온 이야기와 생각하고 실천해 왔던 것이 수필집으로 잉태하여 세상에 나오게 됨을 축하를 드린다. 그동안 살아온 이야기를 하면서 같은 생각을 많이 하고 있기 때문에 자주 만나 시와 수필 문학에 관계되는 대화를 많이 해왔다.
진각대사께서는 종교인으로서 다양하게 활동을 하면서 국가와 미래를 위해 민족을 위해 지역을 살리기 위해 기도하고 있으며 틈틈이 글을 써서 신문과 잡지 등에 기고하며 시인으로, 수필가로 종교인으로 활동을 하고 있다.
진각대사는 한국문단에 큰 밑거름이 될 것으로 사료되며 물방울이 돌을 뚫는다(水滴穿石)는 고사성어처럼 작은 노력이라도 계속하면 큰일을 이룰 수 있다는 내용으로 더욱 더 활동하시기 바랍니다.

끝으로 사람이 도를 얻으려는 사람은 모든 것을 자연에 맡길 때 큰일을 할 수 있다고 하니 앞으로 자연을 벗 삼아 좋은 글을 남겨 주시기를 소망 한다.

2014. 3. 22.

이희두(한국그린문학 회장)

목차

제1부

제2부

제3부

제4부

제 1 장

하늘을 보고 살아왔다

4 · 19혁명 투쟁 후 서대문 교도소 수감

인연 구도수행 시작

구도의 장해벽

범법과 제소자 · 칭송감호위탁자

풍수지리로 중생을 도와준다

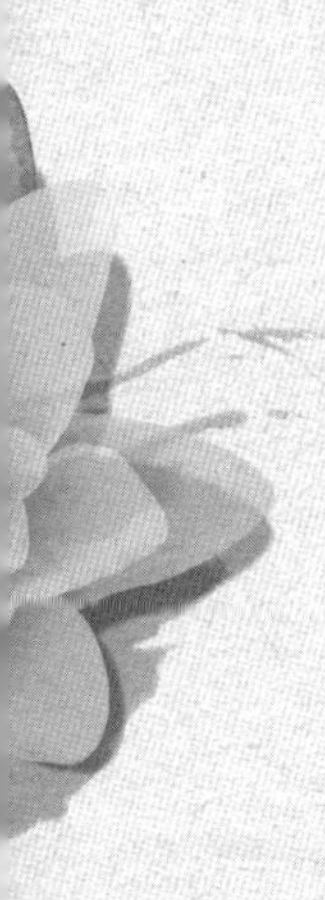

노을
빛
인생

조부님은 서울 종로에서 주단 포목점을 하시다 대동아 전쟁 때 점포를 정리하고 충청남도 강경 대흥동에 잠시 기거하시다 익산군(익산시) 함열읍 용안면 화배리로 정착하여 대농가를 매입하고 생활이 넉넉한 생활을 했다 한다.

부친도 고향은 위와 같은 곳에 태어났고 필자는 전북 완주군 삼례 황금동 1272번지에서 태어났다. 9세 때 전주시 금암동 떡전거리에서 외조모님과 살았고 19세 때 서울에서 살아왔고 학교도 서울야간고등학교를 졸업했다.

서라벌예대 입학 2년 수학 중에 1960년대 4 · 19혁명 당시 소요죄로 서대문 교도소에 수감 되었다. 5 · 16 군사혁명으로 형정지 가처분 특사사면으로 풀러나와 입산수도에 입문득도하여 54년 수행 중

하늘을 보고 살아왔다.

부친 연안 차씨 문선공파로 5대조 13대 세손으로 태어나셨다. 성명은 삼용이라 부르면서 부친은 세상에 태어나 인간 삶에 곤욕을 치르시게 되어 여기서 십삼 세 때 조부님은 세상을 하직하시면서 조부님 가정은 도탄에 빠져 가세는 기울게 되며 백부님은 일본 헌병대에 끌려가게 되었는데 이유는 조부님의 대농장을 경영하면서 토지세와 공출을 내지 않는다는 이유로 조부님을 일본 순사들의 만행으로 주재소에 끌고가는 것을 목격한 백부님이 화가 나 순사의 멱살을 잡아 앞 개울가에 처박았다.

큰백부님은 장사와 같이 힘이 셌다고 한다. 그런 힘을 당하기 어려워 헌병들이 말을 타고 달려와 백부님을 잡아갔다. 하나 힘이 약한 조선 사람이고 더구나 노령이신 조부님은 아무런 대책이 없이 그냥 당하시고 삼 일 만에 풀려 나왔으나 노쇠한 몸에 쇠좆매를 맞고 갖은 고문을 당했으니 말할 수 없이 몸이 쇠약하시기 시작하여 필경 몸져누우시고 돌아가시게 된다. 필자의 백부님은 그 후 행방을 수소문하였으나 소식이 없었다 한다.

필자 부친은 삼형제 중 막내로 태어나서 둘째 백부는 만주로 떠나셨고 필자 부친은 조모님과 같이 남은 농토를 지키면서 살까 하였으나 불운이 겹치어 조모님도 심장병으로 사망하면서 문전옥답은 소작자들의 거센 학대 속에 어린 나이로서 지탱하기 어려워 다소간 세간을 정리하여 고향을 떠나 도처로 가셨다. 그러나 막상 몸 붙일 곳이 없었다. 그로부터 부친은 만주로 떠난 형님 누나를 찾아 경성으로 떠나기 위해 기차에 몸을 싣고 가는 도중 나이 어린 부친은 그때 일본군 검문을 피하려고 문전옥답과 세간을 정리한 삼천이백 원을 노란 호박 속에 넣어 보자기로 싸서 기차 선반에 올려 놓고 만주를 가는 도중 경성에서 간식을 하기 위해 호박을 가지고 내려 옆에 놓고 우동 한 그릇을 사먹은 순간 날치기에 그만 호박을 잃어버렸다. 그 후 경성에서 무일푼으로 이곳저곳에 일자리를 구하려고 했으나 그만 거절을 당하여 다시 시골을 선택하여 전라도 완주 삼례에 도착하시어 남의 집에 잔심부름과 꼴을 베어 주는데 열심히 하시어 주인으로부터 신임을 받아 삼 년이란 세월을 한집에서 있었다. 하나 그 후 다시 고향에 간 즉 폐허가 된 가마터와 문전옥답은 남에 손에서 경작하고 그 곧은 차씨는 단 한 집뿐이기에 텃세도 심했다 한다.

그런 지난날에 조부님 밑에서 일거리를 찾아 헤매던 사람들이 일본사람의 앞잡이가 되어 갖은 방법을 동원하여 쓰니 부친은 더더구나 누가 반겨주는 사람이 없었던 것이었다. 그러나 조부 친구분이 함열에 나의 친구 집에 어린 사람을 구하여 줄 것을 약속한 일이 있으니 그곳으로 가보려나 하시어 부친은 고맙다는 인사를 하고 고향을 작별하고 그곳에 찾아가 주인한테 말씀을 드렸을 때 그럼 이곳에 있도록 하여라 하여 그로부터 부친은 십이 년이란 긴 세월을 한집에 기거하며 부친 나이 이십칠 세가 되었다. 부친은 약간의 금전을 받아 완주로 와서 정착하여 일본사람이 경영하는 쌀겨기름 공장에 취직하여 일본인으로부터 신임을 받고 작업반장을 받게 된다. 그로부터 십이 년이란 세월 속에 한 청춘이 이대로 늙을 수 있나, 나에게 가족이 있다, 헤어진 형과 누이를 찾아 나도 결혼을 하여 한 가정을 꾸려 잘살아 보아야겠다는 야망을 갖고 여러 차례 혼담도 들어왔으나 뿌리치고 이해 저해를 기다리던 중 주위사람들의 말을 따라 할 수 없이 결혼을 하는데 그때 시절은 매우 먹거리가 귀한 때인지라 장가를 가려면 가정을 보는 것은 현재나 같았으니 직장과 배움을 물어볼 때 부친은 독신의 몸이요 누구한테 의논할 수 없었다. 마음에 맞은 상대자는 별로 신통치 않았으니 우선 그동안 저축하여 모아둔 금전으로 결혼준비를 하는데 중매인의 말을 따라 밀양박씨 대선궁파의 육남매 중 둘째 딸한테 혼사를 정하려면 논을 사주도록 약조하여 결혼은 성립되어 그로부터 부친은 가정을 갖게 되는데 삼 년이 지나도 자손이 없어 근심하시고 있었을 때 필자의 외조모님의 권고에 절에 치송을 드리게 된다.

그런 후 부친은 필자의 형을 낳게 된다. 2년 후 필자 형이 태어났다. 그러나 형은 천연두열병으로 사망하고 필자가 태어나 2세가 돼 모친이 다시 임신을 하게 되어 출산은 임박하였다.

그때 부친은 일본사람 밑에서 더 이상 있지 않고 완주에 엿공장을 하여 경성과 각 도처에 팔아 가정은 상당히 넉넉하였다. 주문양은 델 수 없이 불철주야로 엿을 고았으나 물량은 모자라 매우 분주하였다. 그러던 중 필자 모친은 산기가 있어 안집에 들어가 쉬었고 부친은 경성으로 엿을 갖고 떠나시었다.

그날 조반경부터 온종일 산고를 겪다가 오후 5시경(1939. 10. 12.) 출산을 하였으나 그만 숨을 거두시고 말았다.

그 후 2시간쯤 후에 어린 동생도 사망하고 하루에 모친과 동생을 잃어버리게 된다.

삼 일 후 부친은 경성에서 돌아오셨다. 부친은 어처구니가 없어 먼 하늘을 바라보시며 이럴 수가 있느냐 통곡하시며 땅을 쳐 울분을 터트리셨다.

그러나 그렇게 있을 수는 없었던지 긴 한숨을 내쉬시고 장례준비를 서두르라고 외삼촌들께 말씀하며 성대한 장례식을 치르고 나서 부친은 필자 오석을 더 귀히 여기셨다. 세상에 무정한 사람 이것을 두고 간다니 그때부터는 부친이 표정이 굳어지고 말이 없었다 한다. 날마다 술을 잡수시고 밥을 걸렀다 한다. 그러던 중 큰외삼촌은 장가를 든다. 외삼촌과 외숙모님도 같이 한집에 살았다. 그로부터 삼 년이 지나 외삼촌의 딸이 태어났다.

그 후부터는 필자 오석이가 소홀히 대하는 것을 부친이 느끼게 된다. 그러나 또한 시련을 닥친다.

일본 헌병들이 군량미도 없는데 무허가로 엿공장을 한다고 모든 것을 중단시키며 압류하여 딱지를 붙여놓고 간다. 그날 큰삼촌이 따라가서 의논하겠다며 헌병과 같이 나간다. 물론 부친이 나서야 할 것을 외삼촌이 좀 젊고 사회활동이 넓었으니 그랬는지는 모른다.

저녁 무렵 외삼촌은 돌아왔다. '잠시 매형 쉬시고 상태를 봅시다.' 그런 후 모든 허가가 외삼촌 앞으로 나왔다. 그날 부친과 외삼촌은 많은 언쟁을 하셨다. 외삼촌의 말은 누가 허가를 받아도 아무런 관계가 없으니 매형 너무 걱정마라고 하나 이놈 너한테 그런 허가 받으라고 한 일이 없는데 왜 그런 일을 하였느냐고 하시면서 난 자본을 다 갖고 나갈 것이니 그리 알라고 하시면서 부친은 나가신다.

물론 주막에 갔을 것이다 하고 필자 오석이 찾아본 즉 아버지는 친구와 주막에 계서서 아빠 하고 부르니 '그래 언제 왔느냐.' '아빠 집에 가자.'고 하니 '그래 알았다.' 하시면서 따라 나서시며 '너 어른이 되면 공부를 열심히 하여 삼촌놈들 다 몹쓸 놈들이니 아빠의 마음을 열어주어야 한다. 알겠느냐?'

그날부터 외삼촌과 같이 부친은 밥을 먹지 않으신다. 그 후 헌병들이 들이닥치며 이 곡간 저 곡간을 열어보라고 하며 부친을 발로 차며 마구 심하게 하는 것을 필자 오석이 본다. 그 순간 오석은 돌을 주워들고 일본 헌병에게 던진다. 그 순간 일본 헌병이 오석의 손목을 잡고 지껄여 대는데 찾은 것은 쌀과 곡식이며 놋그릇과 구리주전자 세간을 일본마차에 싣고 간다. 그러면서 부친을 연행하여 주재소로 가며 시말서를 쓰라 하여 써주고 석방되었다.

그날 밤 잠자리에 들며 하시는 말씀이 이것이 저놈들의 수작이니 내 이놈들을 그냥 두고 보지 않을 것이다 하시는 말씀을 오석은 이해하기 어려웠다.

그후 다시 엿공장은 시작하였다. 그러나 경성은 부친이 가지 않고 삼촌이 다녀왔다.

그런 생활이 이 년이 지나 오석은 소학교에 입학하여 외할머님과 같이 등교하였다. 그때는 소학교에 입학하면 교복과 신발을 입학금에 포함하여 배급을 받아야 하니 복장을 자유롭게 입을 수 없었으며 일제 식민 통치 속에 핍박을 당하고 있을 때였다. 그래도 오석은 명주로 꽤 잘 입고 다녔다. 그러나 일본식 교복을 입지 않으려고 하면 외할머님은 꾸중을 하시면서 학교갈 때만 입으라고 한다.

그러나 오석은 입지 않고 가려고 떼를 쓰면 부친은 그냥 가라고 하며 우리옷이 좋다면서 그냥 입혀두도록 하라고 하시니 할머님은 '왜놈 선생이 야단치니 그러네.' 야단치면 그냥 두시고 저 혼자 보내면 되지 않아요? 하니 외할머님이 그럼 너 혼자 가지 말고 옆집 창근이와 같이 가도록 하라고 한다. '네.' 하며 오석은 창근이와 같이 가려하였으나 창근이는 저희 어머님을 따라 손을 잡고 간다. 그걸 보고서 샘이 나서 앞질러 간다. 창근이가 부른다. 그러나 오석은 대답도 않고 고개를 수그리고 뛰어간다.

원인은 어머니가 없기에 부러워 그렇게 할 수밖에 없었다. 그날

교문앞에 들어서는 순간 혹이 난 일본 교장선생님이 서 계셨다.

교복을 입지 않았다는 이유로 오석을 채찍으로 때렸다. 오석은 용서를 빌지 않고 그냥 말이 없었다. 그러는 순간 담임선생님이 다가오시며 교복을 입지 않아서 넌 벌을 받아야 한다고 한다.

그날 오석은 화가 났다. 수업은 끝났다. 집에 돌아와 말없이 방에 들어가 울고 있었을 때 아빠가 들어오시며 왜 울고 있느냐고 묻기에 교복을 입지 않아 벌을 받고 왔다고 하니 그러니까 입도록 하라고 하여 대답을 하고 그날 할머니한테 사구라 꽃무늬나무 단추가 싫다고 하니 그럼 떼어내고 다른 단추로 바꾸어 달아준다. 그날 교복을 입고 등교한다. 그런데 교실에 들어서서 자리에 앉자 담임선생이 부르는 소리에 오석은 일어서서 선생님을 바라본다.

'넌 말썽이 있는 아이구나.' 오늘은 왜 교복은 입었는데 단추는 다 어디다 떼어내고 이런 단추를 달아주었느냐고 물어보았지만 말이 없다. 그날 선생님은 내일 부모님을 모시고 오라고 편지를 써서 오석에게 주었다. 오석은 그 편지를 집에 와서 부친이나 할머님한테 주지 않고 버렸다.

그 다음날 등교하여 학교에 가지 않고 도중에서 놀고 끝날 무렵 집에 왔다. 그로부터 매일매일 반복되었다. 그러던 중 하루는 창근이 어머님이 우리 집에 와서 오석이가 학교에 오지 않으니 좀 알아보라고 하여 왔다는 말을 부친이 전해 들으시고 매를 들고 들어오시어 오석을 때렸다.

오석은 무섭기도 하여 잘못했다고 하니 너 공부한 것을 보자고 하여 노트를 보여 주었다. 학교는 가지 않았는데 글씨는 썼다고 하며 왜 학교를 가지 않느냐고 묻기에 아빠를 바라보면서 일본사람이 아빠 하시는 일을 못하게 하고 옷까지 마음대로 못 입게 하니 기분이 나빠서 가지 않았다고 했다. 그럼 공부를 못하지 않느냐, 그래도 공부는 하여야 한다시며 그날 다시 사구라단추를 달아주어 그 후 학교에 다녔다.

그러나 반에서 십 등 안에 들어 공부는 잘하였다. 2학년이 되었다. 우리 집 옆에 일본인 하수구상이라는 면사무소에 다니는 행정 공무원 집이 있었는데 그 집 아이가 오석이보다 한 살이 더 된 아이였는데 하루는 그 아이를 혼내주기 위하여 잘 다니는 길에 함정을 파놓고 분뇨를 넣어 두고 위에다가 커다란 나뭇가지와 흙을 덮어 놓았다. 그날 그 아이가 오다가 함정에 빠져 다리목이 꺾이어 죽는다고 한다. 오석은 기뻐서 이리 뛰고 저리 뛰고 한다. 그때부터 일본사람들은 우리 동네 아이들을 피하여 놀고 어울리지 않았다.

3학년 때 운동회가 열렸다. 그날 오석은 우리옷 잠뱅이 반소매 저고리를 입고 운동회에 출전하여 백미터 뛰기에서 일등을 한다. 그러나 그날은 누구 하나 괘념치 않았다.

그러던 중 우리 집안은 다시 구름이 끼기 시작하였다. 부친이 더 이상 독신생활을 하지 않고 재혼을 하려고 이리저리 수소문하여 사람들이 오고 가고 하였다.

우리 집은 그런대로 넉넉하였다. 일본시대에 라디오도 있고 축음기도 있었고 오토바이도 있고 말도 3마리, 마차 3대, 일꾼도 12명이나 두고 살았으니 그런 가정에 새엄마가 들어온다면 집안이 망한다는 외할머님의 말씀을 필자 귓전에다 하셨다. 그러나 부친의 심지를 꺾지 못하였다. 그러던 중 8 · 15 해방이 되었다.

해방이 된 국민들은 기쁨이 넘쳤으나 우리 가정은 고난의 시련이 많았다. 원인은 새어머님을 맞이한 순간 외삼촌은 이사를 하였다. 그로부터 일을 돌봐주던 사람들도 하나 하나 떨어져 나가 집안은 텅 빈 듯싶었습니다. 그 후 미국사람들이 들여온 미국사탕이 읍내에 퍼져 설탕이 나와 엿은 뒷전에 쳐져 분주한 생활은 점점 일손이 없이 가세가 기울기 시작하였다.

그러나 오석은 다시 학교에 진학하여 한국어 공부를 시작하여 우리 역사와 우리것을 다시 배우고 익히면서 소학교를 졸업하였다. 중학교에 입학하려고 하였을 때 부친은 장질부사에 몸져 누워 더 이상 공장일을 할 수 없어 공장은 문을 닫고 말았다.

그런 생활에 서당을 다니기로 훈장님께 약속하고 한학을 익히고 천자통감을 떼고 외할머님댁에 가 공부를 할까 하여 찾아갔으나 여의치 않았다.

그후 오석은 부친의 일을 돕기로 결정하여 닥치는 대로 도와주었다. 그러나 오석은 이런 일을 한다면 부친과 다를 바 없이 고통을 받아 많은 고생을 할 것은 뻔한 일이라 생각하고 지게를 집어던지고 장사길에 눈을 뜰 것이다 하여 이태수 집에서 모찌떡 당고를 야간에 행상 어린아이를 내세워 공장을 차렸다는 말을 듣고 그곳에 찾아간다.

그날부터 행상을 할 것을 여쭈어 본 즉 너는 너무 어려서 힘이 들것이라고 하여 한번 해보겠다는 말을 간곡히 하여 겨우 그날 저녁부터 시작하였다.

그러나 워낙 행복한 가정에서 고생을 모르던 오석이라 참으로 어려운 첫 행상 모찌 당고 장사라서 말이 나오지 않았다. 그러나 조용히 외치면 누구 하나 팔아주지 않아 모찌 당고 하면서 큰소리로 외쳐야 하는데 그 소리가 나오지 않았다. 그러나 한번 두번 하다 보니 제법 큰소리로 모찌떡 사려 당고 사려 외친다. 그때 저편에서 형 뻘되는 사람들이 부르니 네, 하면서 뛰어갔다. 그러나 그들은 불량패들이었다. 할 수 없이 도망칠까 했으나 그때는 이미 늦었다.

이놈 너 이곳에 모찌떡을 언제부터 팔았어 하면서 발길질을 한다. 오석은 바라본다. 이놈 누굴 바라보냐면서 뺨을 친다. 그러나 좀 보아줄 것은 빌지 않았다. 그럼 모찌떡은 얼마치나 드릴까요? 되려 반문한다. 그때 그 불량패들은 그래 다 줄 것이야, 그거 얼마치나 되느냐기에 이것 다 사시면 좀 깎아주겠습니다. 모두 삼천오백 원만 주시오 하니 그럼 내려놓으라고 하니 그놈들은 달려들어 모두 먹어치우고 돈은 주지 않고 이리저리 후려치는 순간 오석은 당할 수밖에 없었으니 그날 오석은 모찌공장에 들어갈 수 없어 유철원이 집에 가서 자고 그날 아침 유철원 모친과 같이 모찌공장에 가서 사실대로 일어난 일을 말씀드리니 사장님이 그러니까 넌 못 한다고 하였지 않았느냐 하시면서 그만두고 다음에 모찌값을 갚도록 하여라 하기에 오석은 아닙니다. 그냥 할 것입니다. 하니 이놈 너 또 깡패들한테 모진 매를 맞을까 그만두라는 것이니 하지 말라고 한다.

'사장님 걱정 마시오. 제 수단대로 할 것입니다.' 사정하여 그날부터는 잘사는 집에 찾아가서 모찌떡을 팔아달라고 애원하여 그런대로 팔았다. 매일 시작할 때와는 반대로 잘 팔았다.

그리하여 모찌떡 당고값도 다 갚아 주었다. 그러나 오석은 이것이 맞지 않아 그만두고 과자공장에 취업하여 기술로 생업을 할까 하였다. 그러나 그것도 적성에 맞지 않아 그만두고 방황하여 이곳저곳에 전전하고 있었을 때 이발소에 취업을 하라고 하여 1개월 동안 있었지만 그도 역시 맞지 않아 그만 두고 집안으로 들어온다. 그러나 계모와 맞지 않아 늘 불화가 잦았다.

그러던 중 6 · 25사변이 터져 북괴군의 탱크가 집 앞에 지나갈 때 집이 흔들리며 진폭이 가슴에 와닿아 무섭고 살벌하였다. 그러나 부친은 남은 금전을 약간 챙겨 배낭 속에 넣고 오석이를 데리고 시골촌 집에 피난을 떠나 토굴 속에서 냄비밥을 먹고 2개월을 지나 다시 돌아왔다. 그러나 계모님은 간 곳이 없으며 수소문하여 물어 보니 이리 딸 집으로 갔다고 하여 부친은 그곳에 가 계모님을 데리고 오셨다.

밭 팔백 평 초가집 1동 이것으로 기울어진 세간을 이룩하기는 너무 어려웠다. 부친은 장질부사로 머리도 다 빠져 부친같지도 않았으며 몸도 쇠약하여 더 이상 행복한 가정으로 회복되기 어렵다고 늘 입버릇처럼 하시는 것을 오석은 들었다.

그후 몇 개월이 지나 9 · 28 수복이 되었다. 미군들은 우리 마을을 지나갈 때 헬로! 하면 껌도 던져주고 초콜렛도 던져 주었다. 그로부터 우리들은 무엇을 배웠을까 굶주린 주민들은 너나없이 거지 신세가 되었으며 양푼냄비를 들고 옥수수죽물로 연명하였다.

참으로 비극적인 생활은 우리 집도 일반이었다. 그때부터 오석은 집을 나와 친구 집에서 삶을 찾아볼까 궁리 끝에 상경하려는 마음에 박용기와 서울에 도착하여 이곳 저곳 방황하다가 종암동에 판잣집에 사글세를 주기로 약속하고 박용기와 같이 주머니를 털어 우선 한 달분의 월세방을 주고 나니 당장 먹고 지낼 돈이 없어 박용기가 우리 이렇게 하자면서 제의를 하여 무엇을 해야 하느냐고 물었을 때 용기는 하숙집에 손님을 알선하여 주면 일인당 일 활을 받는다는 말에 우선 그럼 그런 하숙집을 알선하려면 어디로 가야 하는지 또 물었다. 그러나 박용기는 형이 서울에 살고 있어 이곳에 자주 온 직이 있었기로 잘 알고 있다.

사실은 알았으니 믿어볼 수밖에 없었다. 그러나 그리 쉬운 취직은 되지 않았다. 그날 동대문시장을 떠돌어 다니는데 어떤 젊은이가 소매치기를 하고 경찰관한테 쫓기면서 던지고 도망치는데 그것을 집어들어 본 즉 지갑이었다.

오석은 화장실로 들어가 지갑을 펼쳐보니 돈이 들어 있었다. 순간 가슴이 두근거린다. 그러나 이것을 갈고 우선 생활을 하여 보자는 욕심이 생겼다. 오석은 나오지도 않은 채 변을 보는 척하고 앉아 있었다.

너무 지루하여 밖으로 나오자니 그 젊은 청년이 잡을 것 같고 참으로 진퇴양난에 놓였다. 그러나 마음을 단단히 먹고 변소를 나선다. 그러나 아무도 잡지 않아 오석은 판잣집에 돌아왔다. 잠시 후 용기가 들어오면서 오석이를 부른다.

그래 하고 문을 열고 본 즉 봉투에 무엇을 들고 왔다. 내용물은 풀빵이었다. 얼마나 맛이 있는지 참으로 맛이 좋았다. 용기가 너 어디를 다녀왔느냐 묻기에 나 동대문시장에 다녀왔다면서 앞서 있던 일들을 이야기하며 지갑을 보이며 이 돈으로 우선 생활비를 하자고 제의하였다. 그래 얼마나 되는지 궁금하여 지갑 속에 있는 돈을 꺼내어 세어본 즉 삼십육만 원이란 거금이었다. 그날부터 우린 생활도구를 사서 밥도 짓고 자취생활을 새롭게 시작하였다. 그러나 용기 친구는 어느 날 취업을 하여 떨어져 나간다. 오석은 절망 속에서 다시 시작한 것이 구두닦이로 생활을 시작하였으나 그도 시련이 닥쳐 그만두는데 오석은 고향 부친의 생각이 나 고향으로 내려왔다. 그러나 부친은 고생을 많이 하시고 계셨다.

동네사람들은 한결같이 부모님을 모시고 이젠 마음잡고 살도록 타이르는 어른들도 많았으나 오석은 전주에 나와 다시 취업을 할까 하여 이곳 저곳을 다녀 최병옥 씨 집 과자공장에 취업하게 된다. 그로부터 1년 이후 기술을 익혀 집에 돌아왔으나 폐가된 가세는 참으로 비참한 생활에 죽음을 기다리고 계신 부친의 얼굴은 주름살이 깊어있고 계모님은 여전히 극성스럽게 행동을 하고 있어 오석은 하룻밤을 자고 다시 집을 나서 서울행 완행열차에 몸을 싣고 가는 도중 승무원의 검표가 시작되었다. 그러나 오석은 승차권이 없었으니 이리 피하고 저리 피할 수 없어 승무원에 붙들려 공안부에 인수하여 천안역에 내려놓고 간다. 잠시 승무원이 다가서며 이 세끼 무임승차한 놈이구나 하며 이리저리 발길로 찬다.

오석은 시멘트바닥에 나동그라지며 잘못했습니다 빌었으나 배도 차고 뺨도 때린다. 그리고 승무원은 나간다. 잠시 후 또 한 사나이가 들어온다.

너 도둑차를 타 이렇게 혼을 당하였으니 어디가 아프진 않느냐 묻기에 괜찮습니다. 그래 밥은 먹었느냐고 묻기에 안 먹었습니다 하니 잠시 후 빵을 사들고 와 건네주면서 고향에 가서 부모님 말씀을 따르고 열심히 공부하여 훌륭한 사람이 되라고 한다. 오석은 눈물을 흘리며 고마움을 느끼고 있었다.

그러나 호남선 열차는 두 시간 사십 분이 지나야 도착할 예정이라고 하면서 우선 더 의자에 앉아 기다리라 하여 오석은 기다리고 있자 하니 무상한 잠이 와 눈을 붙이고 잠이 들어 있는데 공안승무원이 오석을 흔들어 깨워 호남선 열차를 타려면 어서 나가라고 하여 뛰어 플랫폼에 나가 서성거리고 있으니 열차가 도착하여 오석은 열차 속에 들어갔다. 그러나 이미 자리는 다 차서 앉을 데가 없어 통로에서 있다 하니 중년 아주머님이 좁은 자리를 비켜 주시며 좀 앉아보라고 한다. 오석은 반가워서 인사를 하고 앉아 있는데 마치 어머님과 같이 여행을 하는 기분이 들었다. 우리 어머님이 살아 계시면 얼마나 좋을까 하는 생각에 잠시 아주머님 체온을 느낀다.

열차는 야음을 가르면서 달리고 있으니 또 잠이 온다. 그러자 대전역에 당도하여 기차내 방송이 오석의 잠을 깨운다.

아주머님이 또 밖으로 나간다. 오석은 아주머님 부르면서 여기는 대전입니다, 하니 알았으니 그곳에 앉아 있거라는 말을 하고 나가신다. 잠시 후 김밥과 물을 들고 오신다. 오석은 일어서며 자리를 내어주니 너도 앉아라! 하시면서 배가 고프지 이걸 먹으라고 하시기에 아닙니다, 그래도 먹어라, 하시기에 참으로 고마운 분을 만났다고 생각하면서 기뻐하고 있다.

열차는 이리역에 도착하여 오석은 이리역에 내려서 표가 없기에 바로 나오지 않고 기다리다 손님들이 다 나간 틈을 타서 역을 빠져

나왔다. 그날 잘 가시라는 인사도 못드리고 도망쳤지만 아주머니는 마음에서 지워지지 않았다.

오석은 삼례까지 걸어왔다. 집에 돌아 온 오석은 막상 집을 바라보니 발걸음이 떨어지지 않는다. 그러나 아빠도 그리워지기에 집안으로 들어가는 순간 누구냐고 방에서 묻기에 저 오석입니다. 이놈 새끼 어디서 굴러먹다 또다시 왔느냐고 다짜고짜 호령하는 계모님 참으로 어처구니가 없어 서 있었다. 그날 아빠는 행상을 떠나시고 집안에 계시지 않았다. 계모님 어디가서 이제 왔느냐는 말도 없이 그냥 나가시면서 집이나 잘 보라고 하시기에 오석은 대답을 하고 있다. 참으로 집안은 썰렁하였고 먹을 수 있는 것은 쌀독에 몇 되 안 되는 쌀뿐이었다.

그러나 아침도 먹지 않고 있자 하니 너무 허기가 든다. 그러나 잠시 후면 점심은 주겠지 하고 기다리고 있었으나 계모님은 오지 않고 저녁때가 되었을 때 돌아와 점심밥은 먹었느냐고 물어보지도 않고 그냥 부엌에 나가신다. 그러나 오석은 저녁을 기다리고 있자 하니 너무 지루하여 잠이 들었다. 잠시 저녁상이 들어왔는지 계모님이 깨웠다. 저녁밥은 감자밥이었다. 그러나 군소리 없이 저녁을 먹고 잠자리에 들었다. 그날 밤은 너무나 추운 날씨가 되었던지 이불을 넉넉히 덮어주어야 하는데 이불이 있었으나 덮지 못하게 하여 그냥 잠을 자고 나니 감기가 걸렸다. 그러나 약은 주지도 않았으며 어떻게 몸이 아프냐는 말 한마디가 없이 이웃집에 놀러 나가고 집안은 썰렁하였다. 오석은 너무나 고통이 많아 울고 있었으니 그 누가 이런 시련을 알까. 지하에 계신 어머님은 오석이의 이런 시련을 다 알고 있겠지. 그러나 오석은 아빠가 보고 싶어 집을 나오려다 그때는 도둑이 들끓고 있었기로 집을 비워 놓을 수 없었다.

문 앞에서 집을 보고 있었지만 그날도 아빠는 오시지 않았다. 그날 밤은 다시 어제와 같이 반복되어 오석의 몸은 불덩이같이 끓어올랐다.

그러나 왜 아프냐는 말이 없이 고뿔이 들었다고 하면서 그런 것을 못 이기느냐고 되려 욕설을 하면서 호통을 치니 오석은 아빠가 그리워졌다.

그 이틀 오후에 아빠가 돌아오셨다. 오석은 기뻐했다. 그러나 계모님이 저놈 자식이 집을 나가서 고뿔이 잔뜩 들어 집안이 다 병이 퍼져 나도 아프다고 하면서 일어나지도 않고 누워계신다. 그날 밤은 아빠가 밥을 하여 오석이를 즐겁게 해주고 방도 따뜻하고 사람 사는 것 같았다. 아빠는 약방에 가시어 오석이 약과 계모님 약을 사가지고 오셨다. 그날 밤 약을 먹고 오석은 좀 나아졌다. 그러나 아빠는 너는 어디 있다 왔느냐 일체 물어보지 않으셨다. 그래 밥은 굶지 않았느냐고 물어본다. 내 굶주리지 않고 잘 있다 아빠가 보고 싶어 왔다고 하니 아빠는 다 알고 있는지 너를 이렇게 두면 나처럼 고생이 많을 것이니 학교를 진학시키기 위하여 내가 고생하고 있다. 아빠는 다시 먼 길을 떠나 행상을 나가셨다. 그 시절은 몹시도 추웠다.

그날 그날 부친은 식사는 하시는지 궁금도 하였다. 아빠가 없는 밤은 몹시도 추운 밤이었다.

외할머님이라도 계시면 이런 추운 밤은 이불도 덮어 주었을 터인데 순간순간 엄마 생각과 아빠 생각 외할머님 생각들이 헤아릴 수 없이 많이 났다.

그로부터 아빠도 돌아오시고 어느덧 이른봄이 닥쳐 파릇파릇한 풀잎들이 돋아났다.

오석이도 다시 학업을 시작하려고 아빠한테 말을 했다. 아빠 역시 그럼 너 하나 믿고 사는 애비지 않느냐 그래 다시 진학하여 공부 잘하여 성공하여라.

그로부터 한 달, 다시 진학하려고 호적등본을 떼고 입학원서를 준비하여 진학절차를 밟고 삼 일 후 등록금을 내려고 한푼 두푼 모아둔 금전과 우리 집에 있는 봄을 넘길 식량이 모두 송두리째 도둑을 맞았다. 참으로 비운의 순간이 또 겹쳤으니 오석은 더 이상 진학을 포기할 수밖에 없었다. 그러던 중 김복수 씨가 제과공장을 하였기에 오석은 찾아가 취업을 하려 했으나 이미 그곳은 종업원이 다 찼으니 오석은 다시 전주에 나가 이곳 저곳에 취업을 하려 하였으나 갈곳이 마땅치 않아 이리에 가보려고 이리행 기차를 타고 동이리역에 내려 오미당 제과 공장에 찾아갔다.

마침 일자리가 있어 그곳에서 우선 먹고 잠자리까지 제공한다는 말에 약속하고 돌아온다.

아버지한테 말씀드리고 떠나와 6개월을 열심히 있다 그 공장이 확장하는데 한 달간 쉬고 다시 오라고 하였으나 오석은 가지 않고 전주 개성상회 제과점에 샘비 모누 기술로 취업하여 월급 삼만 원을 받아 그때부터 통신 중앙강의록을 독학하여 중학교 이수학을 마치고 통신고등학교 과정을 이수하게 된다. 그곳에 더 이상 있지 못할 사정은 주인께서 서울로 이사를 하겠다 하셨으며 그 사업을 그만두고(직물) 라사점을 한다면서 그만 헤어져 집에 돌아온즉 오석은 참으로 막막하였다. 그때 십구 세 때였다.

난 더 이상 집에 머물고 있지 않고 아버님과 작별하고 서울로 상경하여 취업을 하려고 이곳 저곳에 수소문하다가 마포 공덕동 시장가에 제과점에 취업하여 월수입 삼만육천 원을 받아 그런대로 저축도 하였다.

제과점 주인은 매우 좋은 분이었다. 이북이 고향인 주인은 젊은 사람이 착실하며 오죽 공부를 하려고 하니 나도 좀 도와주겠다고 하면서 월급 외 수당을 주었다. 그런 인연의 관계로 다시 야간학교에 나갈 수 있었다. 6개월 후 점포가 도시 계획으로 뜯기고 주인은 식당을 하기로 결정하였기에 오석은 또다시 막막한 실현이 닥쳐 근심을 하고 있으니 주인 친구분이 아현동에서 제과점을 하는데 종업원을 구한다 하여 우리 기술자를 보내주겠다고 약속하였으니 그곳에 같이 가자고 하여 따라간 즉 그곳은 집도 꽤 크고 규모도 좋은 장소였다. 한달 월수로 먹고 자고 삼십만 원씩 약정하고 3개월이 되었다. 오석은 배워야 한다는 신념 속에 서라벌 예대에 편입하여 야간대 학교를 다니는데 4 · 19혁명이 터져 서울 거리는 매우 혼잡하여 장사가 잘되지 않았으며 공장은 당분간 쉬고 있는데 주인은 좀더 불편한 것이 있느냐고 하시며 데모가 심각하니 학교를 나가지 말라고 여러 차례 권고하였다. 그러나 오석은 그 말을 듣지 않고 학교에 나갔다.

그런데 4월 23일 동대문에서 아현동으로 전철을 타려고 기다리는데 동문수학하던 장세곤이 서성거리고 있기에 세곤아 지금 데모가 터져 혼잡한데 우리 전차에 빨리 오르자고 권고한 오석은 서둘러 전차를 타려고 하는데 승무원이 오늘 밤은 전차가 다닐 수 없으니 하차하라고 했다. 할 수 없이 세곤과 오석은 내려서 버스로 갈 수밖에 없어 동대문을 끼고 돌아 마전편 창신동에서 버스를 기다리는데 송암동 쪽에서 고려대학과 한양대학생이 합세하여 신설동에서 동대문쪽으로 들이닥치고 있었다. 순간 세곤이가 오석의 손을 끌어 우리도 데모하자, 그런 순간 여섯명씩 팔과 어깨를 맞추어 영차영차 선발대가 세곤과 오석을 끌어들이어 영문도 모르고 합세하여 독제정권 물러가라 못살겠다 갈아보자 영차영차 계속 전진하는 순간 동대문을 지나 종로5가를 지나 종로4가에서 일차 탄투극이 있었다. 종로3가에서 안국동 쪽으로 돌진하여 경무대를 기습적으로 전진하는 순간 최루탄이 터지면서 안국동 로타리 부근에서 1차 격투가 있었으며, 동대문 경찰서장 짚차를 방화하였을 때 뒤에서 곤봉으로 후려치는 순각 윽 하고 쓰러졌다. 쓰러진 오석은 앞을 볼 수 없었다.

볼 수 없는 것은 최루탄 가스로 인하여 질식하고 말았기 때문이다. 그 순간 닭장차에 실려 동대문 경찰소에 수감된 오석은 몹시 괴롭고 앞일이 막혀 있다. 두 시간쯤 된 후 한 형사가 불려냈다. 오석은 끌려가면서 몹시 갈등하고 초조하기가 짝이 없었다. 끌려간 곳은 어두컴컴한 곳 무섭고 으스스한 기분, 책상과 주전자가 놓여 있다. 오석을 데리고 간 형사가 책상 맞은편 앞에 앉아서 바른대로 말을 하라고 다짜고짜 묻기에 오석은 네! 대답은 하였다.

이 자식 데모는 하였다는 걸 몰라 여기에 온 넌 소요 테러분자야. 너 이놈 주모자가 누구냐고 다그치며 펜대를 손가락 사이에다 끼고 손가락을 조이니 참으로 고통이 많았다. 순간 모릅니다. 야간학교에서 집에 가다가 데모대에 가담한 일은 알아도 그 외에는 모르오니 더 이상 때리지 마시오. 너 바른대로 말을 하면 석방할 수 있다고 타일러 주었으나, 오석은 사실대로 실토를 하여도 믿어주지 않았다. 그 시간은 밤 1시 40분부터 새벽 5시 40분까지 오석은 계속하여 고문을 당하였으며 주전자에 고춧가루 물로 코에다 부을 때 죽어도 참지 못할 순간들이 계속 이어졌다. 전기고문도 받고 정강이에다 각목을 놓고 짓누르기도 하고 모든 고문은 다 하는데 사실이 사실이오니 마음대로 하시오. 차라리 죽고 싶습니다. 더 이상 괴롭게 하지 마시오. 오석은 묵비권으로 대처하기로 결심하였다. 오석은 지령을 받은 일이 없고 순간적으로 합류한 결과대로 진술을 하였으나 믿어주지 않았다.

새벽 먼동이 트기 시작하니 형사들은 다가고 경찰관이 들어와서 다시 유치장에 넣고 아침식사가 들어왔다. 아침식사 도시락을 받아들고 열어보니 보리밥과 단무지 몇 조각뿐이었다. 오석은 먹지 않고 옆에다 미루어 놓았다.

경찰관이 다가오며 왜 식사를 하지 않느냐고 묻기에 아무 말을 하지 않았다. 오석은 너무도 지쳐 있었으며 분노에 증오심이 타고 있었다.

세상에 태어나서 남과 같이 잘 먹고 잘 입지도 못한 오석은 너무도 경멸과 증오심이 타고 있었다. 그러는 순간 9시 30분경 점호를 하기 시작하여 점호가 끝나고 10시쯤 되는데 또 불러내어 오석은 기진맥진 감방을 나섰다.

그러는 순간 형사가 발길로 개자식들 하면서 차고 뺨을 후려치고 또 당하였다. 질질 끌려 나가 어젯밤의 그곳에 간 오석은 몹시도 추웠고 졸음이 쏟아졌다.

그런데 어제의 형사가 아니고 다른 형사가 와 있다. 진술하라고 진술서를 내놓고 쓰라 하였다. 사실대로 진술을 하였다. 그러나 인정을 하지 않고 또 시작하면서 12시까지 모질게 맞고 피투성이가

을 뿐입니다.

서장님 용서를 빌겠습니다. 서장님 옆에 앉아 있던 신사복 차림에 노숙한 분이 서장 그만두고 데려가라고 한다. 그는 누구일까? 오석은 되돌아오면서 매우 초조하였다. 그로부터 29일 만기를 채우고 석방하는 줄 알고 있는 오석은 경찰서 뒤편으로 끌려 나갔을 때 여러 학생이 모여 포박을 하여 수갑도 채운 채로 4열종대로 서 있었다.

오석도 그 사람들과 같이 서 있으라고 지시하기에 오석은 4열종대에 끼어 섰다. 그런데 옆에 있는 세곤을 보는 순간 세곤도 몹시 지쳐 있었다. 세곤아, 우리 오늘 나가는 거냐고 물었을 때 세곤이 하는 말이었다. 고개를 옆으로 슬금 돌려 우린 형무소에 가는 것 같다고 한다.

그럼 끝났구나 하고 하늘을 쳐다보았다. 한심하고 어처구니 없이 이렇게 살아서 무엇을 할까 하면서 울분이 터져 나왔다. 오석은 악 하면서 독재 이승만은 물러가라고 외치며 우리 천만학도는 다 같이 뭉쳐 독재 정권을 물리치라고 외쳤을 때 180명이 일제히 함성을 지르면서 구호를 외쳤다.

그런 순간 기동대는 순식간에 우리 학생들을 에워싸고 제지를 하려고 하였다. 그러는 순간 난 앞으로 나가서 우리 학생은 살아있다 죽음으로 대처하려 하오니 누구든 우리를 막지 말라고 외치는데 오석은 미쳐있어 누구도 막지 못할 순간이다. 그러나 무기를 든 경찰관이 달려들어 공포하면서 연막탄을 터트리면서 우리를 버스 속에다 밀어 넣고 어디로 가고 있었다.

그곳은 서대문 형무소였다. 도착한 버스는 형무소 앞에 잠시 정차 후 안으로 들어 갔다. 우리 학생은 모두 4대 버스에 탑승하고 내려 교무과에 들어가 점호를 하고 우리가 입었던 학생교복은 벗고 죄수복으로 갈아입고 밥그릇과 목찰을 갖고 각방으로 배치하였다. 오석은 세곤이와 같이 가려고 하였으나 그렇게 되지 않고 세곤 일사1방 일사10간방에 헤어졌다. 오석은 교도소에 들어간 방에 들어온 시간은 10시경이었다.

방에 들어선 오석은 전수용자에 신고를 해야 된다고 교무과 교도관의 지시를 받았으니 오석도 신고를 하려고 문 옆에서 선배 형님 또한 동지분들께 인사합니다 하는 순간 아래쪽에서 누워있던 멀쑥한 젊은 청년이 너 저기 변기통 옆에 가 자고 내일 일찍 신고하라고 하였다. 오석은 좁은 틈을 뚫고 누웠다.

몹시 똥냄새가 나고 탁탁한 공기에 죽음으로 대처하는 것이 차라리 낫겠다 하며 한숨이 깊이 쉬고 도무지 잠이 들지 않았다. 오석은 누워서 몹시 울고 있었다. 그러나 잠이 들고 워낙 피곤하고 지쳐 있었으니 무상한 잠이 들었다. 그러나 눈물은 눈에 고여 있었다. 새벽 기상나팔이 잠을 깨웠다.

오석은 일어나서 앉아 있으니 감방장이 신입식을 하라고 하였다. 어제 손님이 하나 우리 식구가 되었다. 너 이리 나와. 나이,

직업을 물었다.

오석은 21세 학생입니다. 죄명은 데모소요죄입니다. 이 자식 나라에 충성한 놈이구나, 이리 와라. 난 명동에서 터줏대감 하다가 주먹을 잘못 휘둘러서 이곳에 왔다. 그래 몸이 많이 다쳤구나. 경찰관한테 맞아서 그렇구나.

며칠 있으면 검사 심문이 있을 것이니 검사 앞에 나가 그 상처를 보이고 사실대로 실토를 하라고 하였다. 공범이 몇이나 되는가? 180명이 들어왔습니다.

죽일놈들 어린 학생들이 무슨 죄가 있다고 세상이 뒤집혀야 한다고 하면서 그래 내가 있는 동안 오석을 도와주겠다 힘을 가지고 살자꾸나. 오석은 감방장의 시선을 보니 정의롭게 의적의 사나이와 같은 마음이 느껴졌다. 오석은 그로부터 5일 후 검사취조에 들어갔다. 검사실에 들어서는 순간 동대문 경찰서에서 보았던 신사가 그곳에 앉아 있었다. 오석은 묻는 말에 답변하였다. 지금까지 지난 경로를 실토하였다. 그러나 이렇다 할 반응을 찾지 못했는지 다음주에 부를 테니 또 나오라고 하였다.

그로부터 일주일이 지났다. 오석은 출정하는 교도관의 외침에 난 출정준비를 하고 나와 버스에 실려나와 검사실에 도착하였다. 검사님은 오늘은 결말을 짓고 끝내자 하는 말에 무엇이 실마리가 끝나고 석방되는가 보다 속셈으로는 기뻐하였다.

물어보는 대로 네, 아니오 진술서는 7, 8장이 되었다. 그리고나서 직인을 찍어야 한다고 하여 직인을 찍고 취조는 끝났다. 다음 부를 때 선거 구형이 있으니 기다리라고 하였다.

오석은 그럼 재판을 받아야 나가는지요? 그래 몸은 좀 어떠냐 많이 아프냐, 이기고 있습니다. 그로부터 재판은 한 달, 두 달 지나서 6개월 후 구형 2년을 선고 받고 판결을 기다리는 순간 죄명은 소요죄와 공무집행방해 특수폭행죄로 복역 중 감방장은 석방하여 나가고 오석이 감방장이 되었다. 오석이 감방장이 되고 나서는 신입식도 없애고 평등하게 화합하고 서로 위로하여 주고 감싸주고 분위기가 참 좋아졌다.

세월은 흘러 1961년 5 · 16이 터졌다. 새벽 4시경 총성이 울리고 교도소가 잠잠한데다 분위기가 이상하였다. 그날 아침 9시경 구내방송에 국이 쿠테타라고 구내방송이 있었다. 그리하여 동년 7월 17일 제헌절에 특사로 오석은 풀려났다. 오석은 갈곳도 없이 서울 거리를 무심코 걷다가 먼 남산을 바라보면서 하염없이 걷고 있었다.

이런 꼴로 고향을 갈 수 없고 부모님이 살아 계신지도 모르고 오석은 장세곤을 만나야 하겠다고 영등포 장세곤 집을 찾아 갔다. 그러나 세곤의 모친도 몹시 앓고 계신데다 세곤이는 오석과 같이 불행한 소년이었다.

오석은 그날부터 결심을 하고 깊은 산사에 가서 세상을 묻어두고 삶에서 진리를 찾아야 하겠다는 신념에 우선 약간의 희망은 있

다는 것은 젊음이 있고 큰 죄는 없으니 신도 버리지는 않을 테지

망막한 서울을 떠나기로 작정하고 필자 오석은 앞에서 실토하지 못한 점을 실토하겠습니다.

미결소에 있을 때 어떤 재야의 인사가 성명과 신원을 밝히지 않고 영치금을 보낸 일이 있었다. 거금 삼십만 환 된 그 금은 쓰지 않고 나올 때 찾아 가지고 있었다.

그 돈을 쓸 수 없는 것은 누구인지도 모르는 분께서 영치금을 부쳐준 것에 의문이 있었고 또한 신원을 알아야 하였기에 쓰지 않고 유치하고 있었으니 이젠 할 수 없이 이 돈을 갖고 새롭게 삶을 찾아야 하지 않겠는가. 오석은 서울역에 나가서 호남선 열차시간표를 보니 10시 40분이 있었다. 오석은 간단히 저녁 식사를 때우고 호남선 열차표를 사들고 있었을 때 김기태란 파주에서 미군부대에서 군속으로 있다가 케이블선을 절취한 죄로 같은 감방에 있었던 형님이 오석을 불렀다. 4·19 오석아, 형님! 반갑습니다. 형님 어데 있소. 하니 마산 미군부대로 가는 중이여. 넌 언제 출소 했냐, 어제 나왔습니다.

그래, 이대로 가려고. 글쎄요. 고향에 가도 부모님이 계실지도 모르고 막막합니다.

형님 난 산사에 가고 싶어서 이렇게 나서 보았습니다. 그럼 나하고 마산 미팔군단에 가서 취직자리나 알아보고 취직하여 같이 살자.

오석은 미팔군에 쇼단에 취업을 할까 하여 대학교에서 음악을 전공하였으니 잘된 셈이었다.

우리는 차표를 물리고 경부선 부산행을 타고 서울을 빠져나갔다. 다음날 새벽 부산에 도착하여 마산에 가는 버스를 타고 마산 미팔군부대에 도착하여 기태 형님이 전화를 걸어 잠시 후 기태 형의 친구가 찾아왔다. 우리는 그날 저녁 식사를 하고 그 형은 팔군쇼에서 테너 색소폰을 부는 악사였다. 기태 형과 오석은 하루하루를 지내다 보니 일주일이 지났다.

기태 형이 하루는 오석을 부르면서 난 내일부터 전속계약을 맺고 노래하기로 하였다. 우선 나라도 나가서 너를 주선할 것이니 이곳에서 잠시 고생이 되어도 있어주길 바란다 하면서 위로하며 기태 형님은 다음날 팔군쇼에 나가고 난 하숙집에서 잠을 자고 일체 출입을 금하였다.

그런 생활이 한달쯤 되는 날 기태 형이 팔군쇼에서 지방흥행을 간다는데 오석이 너도 같이 가자고 하였다. 형님 참 고맙습니다. 난 그날 밤 자정에 기타 반주와 몇 곡을 실험하였다. 오석도 노래에 소질이 있었으니 그런 대로 주워 맞추었다.

그 다음날 우리는 버스를 타고 서울로 왔다. 이태원 미군부대에 도착한 후 그날 밤 무대에서 첫 출연을 하였다. 그 당시 〈아리조나 카우보이〉와 〈비 내리는 고모령〉을 부르고 박수갈채를 받았다. 그로부터 전국을 순회하고 부산에 도착하여 광무극장에서 한 달을

흥행하고 다시 마산으로 전속계약을 하는 동시 오석은 생각과는 뜻이 다르기에 그만두기로 하고 기태 형님과 작별하고 오석은 산사에 들어가기로 결심하고 부산을 떠났다.

호남선을 타고 대전에서 가락국수에 허기를 달래고 호남선을 기다리다 어떤 스님을 만났다. 만난 스님은 몹시 피로하여 몸을 지탱하기 위해 힘들어 보이기에 오석은 스님 곁으로 다가가 스님 어디로 가시기에 이처럼 불편한 몸으로 나서는지요? 스님은 오석을 물끄러미 바라보더니 젊은이 고맙습니다. 정처 없이 하늘을 지붕 삼아 구름 따라 바람 따라 떠도는 객승이요 순간 오석은 친근한 마음이 용솟음치며 노장스님 수행을 하려면 절차는 어떻게 밟으며 어떤 곳에 가야 합니까? 오석은 스님한테 물어 보았다.

스님은 다시 오석을 바라보며 젊은 사람이 수행을 하려는 의도는 무슨 곡절이 있어야 하니 어떤 곡절이 있느냐고 물었다.

오석은 세상이 허무한 것이 이 청춘 의지할 곳 없으니 죽지 못함이요 그러나 인간의 참 진리는 무한적 삶 속에서 서성대다가 가는 것이 한낱 미물의 짐승과 다를 바 없어 수행을 할까 합니다. '어흠 응' 하시며 그래 그렇다 하면 이곳을 같이 떠나보자구. 응 알겠나, 젊은이. 잠시 오석은 상대방 스님의 시선을 바라본다. 스님의 용안에서 찾아볼 수 없는 찬란한 눈빛을 보았다.

순간 오석은 감사합니다. 감사합니다.

잠시 후 호남선 역 구내에 나가 순번에 줄을 서 있는 일렬종대에

다가선다. 노장스님을 부축하여 섰다.

잠시 후 개찰을 하여 플랫폼에 나가 섰다. 열차는 십 분 후 도착하였다. 노스님과 오석은 열차에 올라가 자리에 앉았다. 노스님은 눈을 감고 무슨 주문을 같은 소리를 내시며 중얼거리고 있었다. 오석은 조심스럽게 행동을 취하고 있었다. 열차는 대전을 빠져 나가고 있었다.

잠시 후 논산을 경유하여 강경, 이리에 도착하였다. 오석은 이리역에 내려 조반을 할까 하여 두리번 두리번 이곳저곳을 바라보며 아침 해장국집이 눈에 띄었다. 오석은 노스님을 부측하고 해장국집을 나섰다.

주인이 어서 오십시오 하며 우리를 맞이한다. 한구석에 자리 잡고 콩나물 국밥 두 그릇을 주문하고 난 후 물 한 컵을 받아들고 오석은 노장스님 옆에 다가서며 노스님 따뜻한 물을 드십시오. 고맙다 하시며 물을 받아들고 입에 대시며 구수하구나 고향 누룽지 숭늉 맛이 나는구나.

순간 오석은 고향이란 말에 스님 22km만 가면 저의 고향이옵니다. 그래 그럼 고향 부모님을 뵙고 가자꾸나. 그러나 오석은 답변을 하지 않고 묵묵히 서 있었다.

오석의 고향에 가봤자 뻔한 일이었다. 계모와 아버님의 안정된 가정생활이 아니었기에 오석은 부모님은 없습니다. 돌아가셨습니다.

그래, 그래 하시며 몹시 허무한 표정을 짓고 고생이 많았구나!

나의 손을 꼭 잡고 끌어 안으시며 내가 도움이 될 수 있는 데까지 도와주마.

그런 순간 아침식사가 나왔다. 노스님과 오석은 조반 식사를 하고나서 진안행 버스를 기다리고 있자하니 매우 지루했다. 노스님께 무엇을 준비해야 좋은지를 몰라 간소한 소품을 준비할까 하여 여쭈어 보니 수행하는 자에게는 모든 것이 필요하지 않아 하시고 있는 몸이면 되지 무엇이 부족한가.

스님 몸이 아프시니 약을 구할까 합니다. 그것은 더구나 되지 않아 알겠어. 삼십분 후 차가 도착하였다. 노스님과 오석은 차에 올라 앞 자석에서 세 번째 자리에 앉았다.

버스는 시내를 빠져 전주에 도착하여 잠시 후 진안으로 떠났다. 버스는 몹시도 흔들거리고 비포장 신작로에 내품은 흙 먼지가 차창에 부딛혀 흙냄새가 난다.

꼬불꼬불 곰티재를 넘어서 진안에 도착하였다. 오석은 노스님을 모시고 이 순간부터는 끌려다녀야 할 처지에 놓였다.

노스님은 어떤 가정집을 찾아 가는지 비틀비틀거리는 몸을 부축하고 오석은 따라갔다.

안창수 씨란 문패가 붙여 있는 집 앞에 다가왔다. 노스님은 문을 두드리며 주인을 부른다. 잠시 후 주인 아주머니가 나와 '스님 오셨어요.' 큰 목소리로 주인 아저씨를 부르니 '아니, 스님이 웬일이

요. 얼마 만입니까? 어서 오십시오.'

우리를 반가이 맞이하여 들인다. 노스님과 오석은 방으로 들어갔다. 방으로 들어간 노스님과 오석은 포근한 자리에 앉아 있는 듯 싶었다.

이 집은 꽤 잘살고 있는 듯 싶었다. 방안 살림을 둘러보니 동양화 액자도 걸려 있고 서예 액자도 걸려 있다. 장롱도 꽤 값나가는 것 같아 보였다.

잠시 후 꿀물이 들어와 노스님과 오석은 꿀물을 한 그릇 마시고 나서 오석은 그릇을 치우기 위해 쟁반을 들고 주방으로 갔다. 주인 아주머니께서 거기 놓으세요. 제가 치울텐데 그건 왜 가지고 오셨어요. 하며 미소를 짓고 하시던 일을 하기에 돌아서서 노스님과 주인 아저씨 방에 돌아왔다.

주인 아저씨께 인사를 하라고 노스님이 인사소개를 하기에 죄송합니다. 노스님이 오늘 이 젊은애가 상자일세. 나도 너무 늙고 몸도 좋지 않아 상자를 내세웠네. 주인 아저씨가 오석을 바라보고 열심히 노력하여 큰스님의 뜻을 따르면 자네도 희망이 열릴 것일세.

노스님은 어떤 스님일까. 여러 가지로 의문이 묻혀 있다. 주인 아저씨께서 노스님과 그동안 어디로 다니셨나요 묻는다. 노스님은 구름따라 바람따라 이곳 저곳에 다니다 이곳에 또 왔네.

잘오셨습니다. 그렇지 않아도 우리 집사람과 일전에 스님 말을 한 적이 있습니다. 허, 노스님은 웬일로 늙고 병든 나를 찾았을까 하시며 천장을 바라보고 긴 숨을 들이키며 하는 일은 순조롭게 잘 되지요?

노스님의 물음에 네, 주인은 그럼요. 스님의 은덕으로 저희 집은 평온합니다. 오석은 노스님이 얼마나 덕망이 높고 어떤 분이기에 이처럼 이집 주인내외가 이렇게 호감을 가지고 있는지가 더욱더 궁금했다.

동생은 잘 있는가? 노 스님의 묻는 말에 네, 잘있습니다. 대전에서 사업을 하고 있습니다. 모두 스님의 덕분이지요 그날 오석은 여러 가지로 의문이 많았다. 아주머니께서 점심식사준비를 다 하였으니 식사를 하자는 말씀에 노스님과 오석은 점심식사를 하고 노스님이 하시는 말씀은 이곳 저곳에 갈 곳이 많으나 내 오늘 이곳에 먼저 왔으니 주인 아저씨한테 얼마간의 시주를 권하는 것 같았다. 주인 아저씨는 두말 할 것 없이 자리에서 일어나 윗방에 들어갔다 잠시 후 주인내외분이 손에다 봉투 한 개를 들고 나왔다. 스님 약소합니다. 스님의 은혜를 갚기에는 너무 미천한 금액입니다. 노스님은 무슨 말씀입니까? 되려 미안합니다. 스님은 봉투를 건네받아들고 오석을 바라보며 이 보따리 속에다 넣어두어라고 하시기에 오석은 봉투를 받아들고 노스님 배낭에 깊숙이 넣어 드렸다.

노스님은 자, 이젠 노자도 얻고 주림도 달랬으니 떠나자 하시면서 일어나시며 오석을 부를 때 오석 옆에 다가서 부축하였다. 스님 하루 저녁 쉬어 가시지요. 몸도 불편하시니 대문을 나설 때 아주머님께서 달려나오시며 스님, 스님 쉬어가시고 상전마을에서 스님 오시면 꼭 뵙자는 분이 있으니 스님 꼭 뵙고 가시지요. 그러나 스님은 인연이 닿으면 또 만나지요. 그러시면서 상전에 계신 우리 아저씨는 좀 도와주셔야 하지 않겠는지요. 상전에 내가 가보겠습니다. 스님이 알지 못할텐데 성함을 적어 주시오. 보살님의 부탁을 무시할 수 없어 노장스님은 허락을 하시는 것 같이 보였다. 상전에서 한지 공장 하시는 황지현이란 분입니다. 오석이 받아 쓰렴. 오석은 성명과 공장 주소를 적었다.

그럼 떠나자. 오석은 주인댁 양주분께 인사를 정중히 하고 집을 나왔다. 노스님과 오석은 다시 버스 터미널로 갔다. 잠시 후 상전면으로 가는 버스에 몸을 지탱하여 상전에 도착한 오석은 한지 공장이 한눈에 보였다.

신장로 부근에 한지 공장이 있었으니 정은 지사 아닌가. 스님 저곳이 한지 공장인 듯 싶습니다. 그렇다 노스님과 오석은 공장에 도착하여 주인을 찾았다. 주인이 나와 스님을 반갑게 맞이하여 내실로 안내하였다.

오석도 동행하여 내실방에 들어섰다. 그런데 주인아주머니 같은 중년 아낙이 몹시 수척하여 야윈 얼굴로 스님을 바라본다. 스님은 '허허허' 큰일 날 일이로다.

주인 황지현 씨는 매우 근심스런 표정을 지으면서 스님 어떻게 하면 우리 처를 살릴 수 있습니까? 매우 당황한 모습을 취하면서 노스님께 접근하면서 목메어 구원을 청한다. 노스님은 눈을 감고 잠시 명상에 잠기어 무어라고 주문을 하는 듯 중얼대더니 아하! 산소가. 주인의 답은 어떤 산소인지요. 스님은 당신의 모친이 잘못 들어갔소. 모친이 호혈에 안장하고 살신방에다 묘를 안장하였기로 저처럼 고통에 시달리고 있으니 하루속히 묘를 옮기도록 하시오.

주인은 그 묘는 명당이라고 해서 묘를 안장하였습니다. 스님은 그럼 나도 모를 일이오니 다른 방도를 취하여 주시구려 하시면서 오석을 부르시며 떠날 차비를 하자꾸나.

자리를 일어서는 순간 주인 아저씨가 스님 저의 처를 좀 도와주시고 떠나십시오. 난 모를 일이오. 산소가 탈이 났으니 내 뜻을 따라야 할 것이오. 스님은 푸념처럼 하시며 거절을 하는 것 같이 오석을 부르며 보따리를 챙기도록 한다.

네, 오석은 서슴지 않고 보따리를 챙겨 어깨에 메고 방을 나설 순간 주인아저씨가 한사코 스님을 잡고 애원한다. 그럼 내일 파묘하여 화장하라고 하면서 금줄을 걸고.(여기에 금줄이란 용어는 모든 부정을 퇴치하고 인간출입을 금지 하는 데 쓰는 용어이다.) 오석은 황토 흙을 문앞에 놓고 왼 새끼줄에다 흰 백지 종이를 가로 5cm로 자르고 세로 기장은 25cm로 잘라 칠개를 노리어 꽂고 청솔가지 세 개를 꽂아 줄을 쳐 걸었다. 그날 밤 스님은 목욕재계하시고 뒷전에 있는 천룡당산에 나가서 백미와 천수를 받쳐놓고 초향을 피워 놓고 세 시간 동안 주문을 하시고 나시어 흰 백지에다 붉은색으로 글씨를 써 놓았다.

오석은 무슨 글인지를 모르고 도무지 알 수 없는 글이었다. 오석은 물어보려 했으나 좀 더 지켜보고 시간이 나면 묻기로 하고 그날 밤을 지새우고 난 스님은 조식을 하고 파묘준비를 하여 동네에 힘깨나 쓰는 중년 다섯 명을 동원하여 파묘 장소로 갔다. 스님이 봉분위쪽으로 올라가 무슨 주문을 외우고 나서 스님이 서 있던 곳에다 삽을 먼저 대고 한 삽을 푹 파서 엎어 놓고 동행한 중년 인부들께 파묘를 강요한다. 중년인부들은 달려들어 너나 할 것 없이 순간적으로 파묘를 하여 1m쯤 파들어 갔다. 그런데 체신이 그대로 있었다. 육탈이 되지 않고 통조림같이 통통 불어 있었다.

참으로 이상한 것을 보았다. 오석은 너무도 이상하였으나 말문을 열지 않고 스님의 행동을 주시하여 보고 있었다.

스님은 체신을 끌어내라 하시면서 대나무로 만든 칼을 준비하였다. 그리고 그 칼로 체육을 긁어내어 종이로 닦고 바람과 햇볕을 쬐어 두 시간 후 육골을 박스에 담아 산골짜기로 내려와 새끼줄을 쌓아 놓고 그 위에다 유골을 올려 놓고 석유로 점화하자 유골과 새끼에 불이 활활타오르기 시작하였다. 그리고 잠시 후 불은 꺼지고 유골은 하얗게 된 것도 있고 까맣게 된 것도 있었다.

스님은 하얀 종이에 유골 하나씩 주워 담고 유골 채취는 끝났다. 남은 유골은 양은솥에다 넣고 돌로 짓이기자 분말이 되었다. 잠시 후 분말된 유골을 밥에다 버무렸다. 콩고물처럼 밥알에 묻은 유골은 다시 종이에다 싸 뒷산마루에 올라가서 염불을 하시고 이리저리에 뿌리고 노스님은 황지현 주인과 동네 중년 일꾼과 같이 집에 돌아왔다. 마을 사람은 각자 집으로 돌아가고 오석과 노스님은 주인 아주머님 방으로 들어섰다. 어제까지 아주머님은 매우 괴로워하던 시선이 바뀌어 다소 환희에 찬 얼굴로 스님 수고가 많았습니다.

괜찮습니다. 노스님은 손을 환자 머리에 대고 조금 괜찮아졌지요? 가슴에서 무엇이 내려앉은 듯하더니 조금 숨 쉬기가 나아졌습니다. 삼 일이 지나면 좀 더 쾌유가 될 것입니다. 주인 아저씨는 잠시 후 봉투에다 사례금을 시주하시고 말씀과 같이 스님께 건네주니 오석을 주라고 한다. 오석은 영문도 모르고 받았다. 스님 차라도 드셔야 하지 않느냐고 하시면서 인삼차를 가지고 들어온 마을 아주머니가 오석한테도 권하였다.

노장스님은 받아 들었다. 오석도 받아 들고 노스님과 함께 차를 마시고 또 떠날 준비를 하자고 한다. 오석은 보따리를 챙겨 집을 나섰다.

스님은 불편한 거동으로 마을을 빠져 나온다. 오석은 노스님을 부축하여 버스를 기다리는데 대전행 완행버스가 도착하였다. 스님과 오석은 버스에 올랐다. 한 시간쯤 달린 후 도착한 곳은 금산이었다. 스님은 내리자 하여 승차요금을 주고 하차하였다. 찾아간 곳은 조그마한 암자였다. 이름도 없고 별로 깨끗한 암자는 아니었다. 암자에 도착한 스님과 오석은 주지스님을 찾았으나 인기척이 없다. 노스님은 오석을 부르시며 요사채를 가리키며 저곳에 가서 좀 지체하고 하루 묵고 가자.

오석과 스님은 요사채 쪽으로 몇 발자국 걸어갔을 때 뒤곁에서 거 누구요? 하는 소리에 돌아본 즉 다 해진 법복에 매우 초라한 모습을 하고 있는 노스님이었다. 오석은 뛰어갔다. 스님 저 노스님이 스님을 잘 알고 이곳을 찾아왔습니다. 그래, 하시면서 괭이로 밭을 파던 일을 멈추고 내려왔다. 스님은 마루에 걸터앉아 있었다. 혜암 날세, 그동안 시 · 중은 무사했는가? 어휴 이거 웬일인가 혜월선사께서 난 어디에 가 열반하였나 하고 무척 고심하였네! 자, 방으로 들게. 주지 스님은 옷깃을 툭툭 털고 바짓가랑이를 툭툭 털어내시고 들어갔다. 내실에 들어 선 오석은 이상한 냄새가 나고 방안에는 아무것도 보이지 않고 옷걸이 그러니까 화대걸이 대나무로 양쪽을 매어 달아놓은 옷걸이 벽에는 난포가 걸려있고 서랍장 한 점과 윗구석에 감자, 귀리, 수숫대로 엮어놓은 곳은 마치 마구간에 들어온 기분이 들었다.

노스님과 주지스님이 지난 이야기를 주고받고 하는 순간 오석은 밖으로 나가서 법당을 구경하려고 법당문 앞에 이르렀다. 주지스님이 문을 열고 나오시면서 법당은 문이 잠겼으니 열쇠를 가지고 가라고 하여 오석은 뛰어가 열쇠를 받아들고 엄숙히 되돌와왔다. 열쇠로 문을 열고 법당에 들어섰다. 법당에 앉아 계신 부처님을 바라보고 오석은 너무도 실망하였다.

부처님은 눈과 코를 분간하기 어려울 정도로 그슬리어 있고 뒷전에 걸린 탱화는 우중충하여 아주 오랜 세월에 참으로 분별하기 어렵게 퇴색하였다. 오석은 부처님 앞에 놓인 향합에 향을 꽂고 촛불을 밝혔다.

그리고 절을 하였다. 오석은 어떠한 목적도 없이 부처님께 절을 하고 눈을 감고 부처님의 형상을 분별하기는 그지없으나 마음이 편안하였다. 그리고 옆에 놓인 목탁을 보니 목탁도 무한한 세월을 상징하듯 매우 낡아 있었다.

오석은 목탁을 들어 보았다. 한번 때려보려고 했으나 노장스님과 주지스님의 엄한 뜻을 생각하여 그만두고 가만히 놓았다. 그러고 나서 촛불을 끄고 법당을 나왔다. 문을 잠그고 내사에 마루에 앉아 있었다. 주지스님이 오석을 부르기에 네, 하고 방으로 들어갔다.

노스님이 앉아라 하시면서 주지스님한테 인사를 드리라고 하시어 큰절로 인사를 하고 무릎을 꿇고 앉았다. 주지스님은 편히 앉거라 하시며 그래 혜월선사의 상자가 돼보겠다는 마음이 착하다. 이도 반은 나하고 같이 동문 수행하였다. 그러나 너의 스승은 훌륭한 스님이시다. 도인스님이거니와 아는 것이 많으시니 잘 익혀두면 참 삶이 될 것이다.

인간은 물질에 치우치지 않아야 한다. 물욕은 선을 파하는 것이오니 물욕을 금할지어다. 이곳은 아다시피 아무것도 없고 그저 짐승이 사는 곳이나 다를 바 없다.

물 사정도 좋지 않다. 그러하니 오석은 오늘부터 독에다 물을 길어 가득히 부어 놓고 나무도 하여라. 오석은 서슴치 않고 대답을 하고 물을 길까 하여 밖으로 나갔다. 스님 물을 길어 오려면 무엇으로 길어 오나요? 응, 부엌에 가면 동이 그릇이 있다. 그것을 갖고 한 동씩 날라오면 된다. 오석은 동이를 받쳐들고 오백 미터쯤 되는 데로 내려가서 우물터에서 바가지로 물을 퍼 담고 동이를 들어 끙끙대며 동이를 받쳐들고 여러 차례 쉬어 부엌 물 항아리에다 부었다. 그러나 웬일인지 부엌 항아리는 물이 차질 않았다. 열 번을 나르니 겨우 반독이 찼다. 배우 큰 항아리였다. 열여덟을 반복하여 날랐다. 그러니 오석은 파자반이 되었다.

옷은 물에 젖어 있고 양말하며 신발까지 물이 들어 질척거려 매우 괴로웠다. 그러나 참고 견디었다. 그리고 나서 저녁밥을 지으라고 쌀과 감자를 내주시는 주지스님, 오늘부터는 오석 네가 밥을 지으라고 하신다. 오석은 밥을 한 적이 없다. 그러나 못한다는 말을 하지 않고 쌀과 감자를 받아 들고 부엌으로 나왔다. 우선 감자를 씻고 썩은 부분은 칼로 오려냈다. 그리고 쌀을 씻었다. 밥을 하려면 물은 어느 정도 부어야 하며 쌀은 돌을 골라야 할 터인데 조리질이 능숙치 못하였다. 그러나 물어 볼 수 없었다. 오석은 이곳까지 왔으니 그냥 물러설 수 없었다. 그러다 이리저리 찾아보니 조리가 부엌 위쪽에 걸려 있었다.

오석은 조리로 쌀을 일어 건졌다. 남은 쌀은 바가지로 담고 옆으로 흔들흔들거리면서 돌을 골랐으나 능숙치 못하였다. 감자를 칼로 썰어놓고 쌀을 솥에다 부었다. 그러나 물가늠을 못하여 주지스님한테 물어보려 방앞에 다가가 스님을 부르니 스님이 왜 그러느냐고 대답을 하시기에 스님 밥을 안치려하오나 물을 가늠할 수가 없습니다.

손등 위에 찰 정도로 물을 부으라고 일러주시기에 오석은 부엌에 돌아와 물을 붓고 손등 위에 찰 정도까지 물을 부었다. 그리고 불을 지피어 넣고 활활 타오르는 불길에 옷을 말리고 양말도 말렸다. 그런 순간 밥솥은 부글부글 끓고 잠시 후 솥을 열고 감자를 넣었다. 지금까지 해 온 절차는 집에서 새어머님이 하시는 것을 몇차례 본 적이 있어 그 흉을 낸 것이다.

잠시 후 솥에다 귀를 대보니 오도독 오도독 하는 소리에 불을 그만 줄이기 시작하였다. 그러나 밑불이 있어 밥은 약간 탔지만 처음하는 밥으로선 제법 잘된 것 같았다.

오석은 김치도 썰고 된장도 찌고 간장도 간장그릇에도 부었으며 수저를 꺼내어 놓고 물행주도 깨끗이 빨았다.

잠시 후 밥이 된 듯하여 주걱을 가지고 밥을 퍼 주지스님부터 차례로 밥을 담고 보니 오석은 누룽지 뿐이었다. 그러나 기쁨이 넘쳐 있었다. 오석은 처음으로 밥을 하여 큰스님을 섬기었다. 밥상을 들고 가서 스님 식사를 하시지요 하니 그래 하시면서 방문을 열고 상을 마주 들어 방 안에 놓았다.

혜월 선사님은 깊은 잠을 주무시는지 자리에 누워 계셨다. 오석은 스님 옆으로 다가가 스님 스님 몸을 흔들었다. 응, 하시면서 일어나시었다. 그래 오석이 수고하였구나. 주지스님은 네 밥은 없느냐? 아니오, 있습니다. 그럼 속히 가지고 와 같이 먹자꾸나. 네, 오석은 부엌으로 나와 누룽지를 긁어서 양푼에 담아가지고 왔다.

그러나 큰 스님들은 찬이 없어도 별로 짜증을 내지 않고 식사를 맛있게 드시고 있었다. 그런 순간 큰 스님이 돌을 와삭 깨무시었다. 오석은 참으로 스님을 볼 면목이 없었다.

큰스님은 아무말을 하지 않고 그냥 밥을 뱉어내시어 보이지 않게 종이에 싸서 그릇에 담고 계속 식사를 하시고 계신다. 그런데 이번에는 오석이 돌을 와삭 하고 깨물었다. 누룽갱이에 돌이 많이 있었으니 다행한 일이었다. 그날부터 오석은 반복된 생활이 한 달 두 달 석 달 하여 일 년이 지났을 때 혜월선사께서 오석을 불러 너도 이젠 불도에 정진하여야 하니 돌아오는 3월 7일에 삭발계를 받을 것을 명심하여야 한다. 오석은 기뻐하였다. 하루하루 삼월이 오기를 기다렸다. 주지스님 혜암과 혜월선사님의 집전에 삭발계를 받고 염비도 받고 사미에 입문하였다. 법명은 현암玄岩 법을 수지했다.

현암은 사미오계승의 계율을 엄격히 수행하였다. 사미오계승 계율을 지키어 제법 불공도하고 불법에 정진하였다. 혜월선사님이 하루는 현암아, 만행을 떠나자. 만행이란 것은 세인들의 민심과 실태에 삶을 견성하면서 배우고 익히는 법도가 만행인지라 삼 일 후는 떠나자는 말씀에 한편은 반갑기가 그지없으나 주지스님이 고생할 것을 생각하니 마음이 아팠다.

삼 일이 다가왔다. 혜월선사님과 현암은 약수암을 떠나야 할 때에 혜암스님은 초조한 시선을 가지시면서 현암아, 혜월선사님을 잘 모시고 다니거라 하시면서 씨앗을 챙기시며 밭에 다시 흙을 뿌려야 또 먹고 살지 하시면서 한숨을 쉬는 모습이 매우 마음에 걸려 발걸음이 떨어지지 않았다. 혜암 또 만날 날을 두고 작별하니 몸 건강히 잘있게 하시면서 암자에 합장하시고 약수암을 뒤로하고 내려가신다. 현암(오석)도 법당 앞에 가 합장하고 혜암스님 건강을 기원합니다 하고 부처님 다시 돌아올 때까지 주지 혜암스님을 충만한 가호로 도와주옵소서! 하고 스님 건강하세요. 현암은 혜암 스님의 시선을 바라보니 눈 언저리에 뻘겋게 상기된 눈빛으로 잘다녀 오시오. 또 다시 만날날을 기다리자 잘 가거라.

손을 흔들어 주시며 암자 뒷전에 밭으로 올라가시고 있다.

현암(오석)은 혜월선사님이 앞서 갔기에 뛰어 내려가면서 스님 스님 하고 부르니 어, 하시며 어서 오너라. 현암은 순식간에 혜월선사님을 만났다.

'스님, 지금 어디로 가시는지요?' 하고 물었다. 스님은 대전에서 만났을 때와 같이 구름따라 바람따라 가는구나 갈곳이 따로 정해지지 않았구나 하시면서 허탈감이 말꼬리에 배어 있었다.

현암은 혜월 선사님이 속인이 되었다면 나와 같은 자손이 있을 것이오나 출가승이오라 자손이 없으니 늙고 병이 들어 죽음에 이르면 비참한 인생 삶에 한이 서려 있을지 모르겠구나 하는 순간 좀 더 스님한테 잘 모셔 드리리라고 마음속 깊이 다짐한다. 스님과 현암은 얼마 동안 무언을 하고 산길을 빠져서 마을 앞을 지나 큰 도로에 당도하였다. 큰 도로에서 정류장까지는 2㎞쯤 되었다. 현암과 스님은 정류장에 도착하여 대전행 버스를 타고 한 시간쯤 가니 대전에 도착하였다. 혜월 선사님과 현암은 버스터미널에 도착하여 경기도 의정부 쪽으로 가려는지 스님이 의정부를 갈 것이니 기차역으로 가자고 하였다. 현암은 보따리를 등에 메고 스님을 인도하였다.

잠시 후 택시를 잡아 타고 대전역에 도착하여 대합실로 들어갔다.

의정부를 가려면 서울을 가서 서울에서 다시 의정부를 가야 하지 직접 가는 것은 없었다. 스님이 차표를 사라고 돈 만 원을 주시었다. 아니요, 제게도 돈이 있습니다. 그 돈으로 표를 사라고 하시기에 할 수 없이 차표를 샀다. 거스름돈을 스님께 건네드렸더니 네게 넣어두거라 차에서 무엇이라도 요기하자꾸나. 하시기에 현암은 주머니 속에 돈을 넣었다.

잠시 후 서울행 기차표를 개찰하오니 줄을 서 주십시오. 승무원

구내스피커 소리에 현암과 혜월 선사님은 줄을 섰다. 잠시 후 개찰을 하여 기차에 올라 자리에 앉았다.

현암은 천안을 지날 때 음료수를 사서 스님께 드렸다. 카스테라도 드렸다. 스님은 현암에게 나눠 주시면서 너도 좀 먹어라 하고 권하시기에 현암도 받아 먹었다.

그런데 한 스님이 기차에서 우리에게 다가와 혜월 선사님 참으로 오랜만이오. 하시면서 스님의 손을 꼭 잡고 저를 모르십니까? 통도사에 계실 때 스님한테 신세를 지고 다시 만날 수 없었습니다. 아! 그래 세월이 많이 흘러서 기억이 없으니 그런데 어디 가는가? 혜월 선사님이 묻는다. 서울 총무원에 갑니다. 총무원장도 잘 있고 통도사 주지는 잘 있는지? 네, 다 잘 있습니다. 하온데 이 도반은 누구요? 아! 나의 상자일세! 현암은 합장하며 반배하였다. 법명은 현암입니다.

그럼 선사님을 잘 모시도록 하게 큰스님이시니까 덕망 높고 법람이 높은 스님일세 잘 익혀두면 장차 큰스님 될 걸세 하시면서 시장한테 간식이라도 하시지 않겠습니까? 하시니 스님 괜찮네 하신다. 도중 통도사 스님의 부탁이 마음 구석에 깊이 간직되었다. 스님은 지나가는 홍익회한테 빵과 음료수를 사서 스님과 현암에게 주시면서 어서 들게 권하여 할 수 없이 현암도 받았다. 혜월 스님은 받아 현암을 건네 주시면서 너 좀 더 먹고 다 먹지 못하면 걸망 속에 넣어두어라.

기차는 수원을 경유하여 서울역에 도착하였다. 통도사 스님과 작별하고 우린 의정부로 가려고 서울역 앞에서 버스를 타려고 지하도를 내려가면서 구걸하는 소년을 보고 현암은 백 원짜리를 주었다. 혜월스님도 주셨다. 우린 서울역 앞에 있는 고속버스터미널에서 의정부행을 타고 의정부에 도착하였다. 스님은 의정부 시내 어떤 큰 현대식 건물에 꽤 잘사는 집앞에서 이리저리 망설이다가 초인종을 누르셨다. 안에서 여자의 소리가 누구세요, 예! 혜월스님이오. 잠시 후 대문이 열리고 어여쁜 여인이 나타나 스님! 얼마만이에요. 어서 오십시오 반갑습니다. 내실로 안내를 한다. 그 여인은 매우 기뻐하였다. 내실에 들어선 현암과 혜월 스님은 구중궁궐에 들어온 기분이 들었다.

장롱, 서랍화장대, 문갑, 전축, 텔레비전, 피아노, 액자 외 주방도 현대식 씽크대, 식탁도 잘 갖추어져 있었다.

그러나 큰스님은 그런 것은 눈에 띄지 않은 듯이 응접실 소파에 앉아 있는 할머님을 바라보시면서 노모님은 괜찮아요? 그럼요, 다 스님의 덕이지요 하면서 스님 차는 무엇으로 할까요? 역시 스님은 녹차가 좋지요? 주인 아주머니께서 녹차를 두 잔 갖고 오셨다.

현암(오석)을 바라보며 스님은 저희 집에 처음 오셨지요. 그 순간 큰스님이 그렇지 처음 왔지. 스님은 아직 연소한 것 같습니다.

네. 이십일 세입니다. 한참때네. 스님은 언제 되었는지요, 현암한테 묻는다. 햇수는 이 년이고 달수는 일 년 팔 개월이 됩니다.

큰스님 상자인가요. 그렇습니다.

혜월 선사님은 어허, 우리 상자 유혹하지 말게. 그놈 참으로 영특한 놈일세. 두고 보라고. 큰일 할 놈이야. 이쯤 하시니 상대방 여인은 아하, 그렇군요. 잘 보여야 하겠군요.

현암(오석)은 어리둥절하였다. 지금까지 지난 일들을 생각해도 혜월선사님은 청정한 이성과 이념이 있으며 결백함 이온데 어찌 저런 여인을 알고 있을까 하면서 현암은 도무지 무엇이 무엇인지 분별을 할 수 없었다.

스님은 저는 어떻게 하면 좋겠습니까?

저희 집 남편이 집에 잘 들어오지 않아요.

그래 그럼 내가 생각을 하여 보겠소.

하시면서 눈을 감고 명상에 잠겨 잠시 후 말문을 열고 어허 도화살이 끼었군. 부부에 극살이 끼어서 동쪽에 여인이 있으니, 사십대 여인이 희롱하고 길을 막고 있어 집안이 구름이 끼었으니 어둡고 괴롭지. 하시면서 혀를 쯧쯧 차시면서 살풀이 좀 하면 되겠구나. 이왕 만행 차 좋은 일이나 하여 주고 노자라도 보태주게. 그럼요. 노자라니요 잘 좀 봐주십시오.

혜월선사님이 걸망을 갖고 오라고 시키시어 현암(오석)은 걸망을 갖다 드리었다.

걸망 속에서 무슨 병을 꺼내어 열고 빨강 가루를 물에다 개어 붓고 흰 종이로 신어같이 써 주시면서 이것을 남편 주머니 속에 넣어두고 집에 들어오면 국에다 태워 먹이면 쾌히 돌아설 것이오. 그럼 그렇게 꼭 하겠습니다.

오늘은 의정부에서 자고 내일 산에 잠깐 들를 곳이 있으니 우리 나가자 하셔서 현암은 보따리를 챙겨 따라 나갔다. 주인 아주머님은 봉투를 갖고 나오시면서 약소합니다.

현암에게 주시오. 네가 받아라. 하여 받아 본 즉 족히 이삼십만원은 되겠다 하는 감각을 느끼었다. 아주머님 감사합니다. 현암은 혜월선사를 따라 의정부 시내 큰 여관에 들어갔다.

주인은 우리를 안내하였다. 선사님과 현암은 여장을 풀고 현암은 목욕을 하고 선사님을 씻겨주었다.

그리고 저녁식사를 하고 나서 텔레비전을 보았다. 참으로 오랜만에 보니 신기한 것 같았다.

선사님은 일찍이 주무시고 있었다.

현암도 잠시 후 잠에 들었다. 아침 일찍 일어났다.

세수하고 이 닦고 나서 선사님 자리를 치우고 세수 물을 받아 놓고 세수를 하시도록 하여 두고 잠시 밖에 나와 공기를 마시고 있으니 선사님이 나오시면서 현암이 너 이곳에서 잠시 있을 것을 당부하시기에 선사님이 이렇게 가시렵니까. 내 친구가 이곳 암자에 있는데 좀 다녀 올테니 있거라. 하시기에 그럼 잘 다녀오십시오. 그로부터 두 시간이 되었는데 오시지 않아 궁금하기 짝이 없었다.

시간을 보니 아홉 시를 가리켰다. 아침 식사를 하시고 올지 그냥 올지 몰라 현암은 식사를 하지 못하고 있었다.

그럴 무렵 스님이 들어오시면서 세상은 무정한 것 나도 얼마 남지 않았구나. 다 떠나갔다 하시며 허탈한 심사로 가자.

조반식사를 하지 않았지, 현암(오석) 시장하겠다. 여관을 나왔다. 식당은 앞에 있었다. 우리는 식당에 들어갔다.

아침은 여러 가지가 되지 않으니 무엇을 드실까요. 주인이 사과의 뜻에서 말씀하기 때문에 우리는 고기를 먹지 않으니 된장찌개나 하나 주고 밥 한 그릇이면 됩니다.

아침식사를 마치고 선사님과 현암은 의정부에 있다는 암자로 들어갔다. 그곳은 제법 신도도 많은 암자인 것 같았다. 시주목록에 제법 기재가 된 것을 보니 이백 집은 넉넉히 된 듯하였다.

주지스님은 젊은 스님이었다. 혜월선사의 수계자였다. 젊은 스님은 감격하였다. 스님 참으로 뵙고 싶었습니다.

그렇더냐. 진성아, 너의 동생 현암이니 잘 지내도록 하여라. 정법으로 수행하기 바란다. 하시면서 내 너희 둘이 이처럼 잘 수행하니 오늘 너희 둘에게 일러 줄 것이 있다.

부처님도 방편을 옳지 못한 것을 옳게 인도하려면 우선 술소가 앞서 지도하고 난 후 진리의 마음은 영혼이 지키고 있으니 세상 사람이 다 부정적으로 보는 순간이 많으나 그 부정적인 요소를 방편으로 넘기고 궁극적으로 편입하는 요소는 인도하는 것이 옳지 못하건 옳다는 것은 순간적일 뿐 소리는 다음 와 닿는 것은 느낌 그 느낌이 사로잡히어 갈등에서 공포와 증오가 있다 하였으니 너희들은 소리를 듣고 와 닿는 느낌은 없어야 하느니라.

선사님이 하시는 말씀은 무한의 삶의 고동이었다. 삶이 없고 삶이 있는 한 고통은 따르는 것 그러나 참 삶은 진리로 이끌어 영원한 삶은 죽음이 없다는 것 같이 생각한다. 현암은 이렇게 해석하였다. 여기에서 현암은 지금까지 혜월선사가 하신 행동, 하신 말씀이 인간의 도덕적가치관이 형성되어 전후 손 후대에까지 영원토록 불변하여 전개되어 다시 잉태되어 나고 또 잉태되어 나고 선경을 이루게 되니 과연 현암은 지금부터 불변하지 않는 삶 진리에 깊이 깊이 묻고 싶어졌다.

혜월선사님은 현암의 구세주와 같이 영원한 진리의 등불이 된 것이다. 현암은 큰스님께 무릎을 꿇고 스님 저에게 스님의 전신의 진리를 주십시오. 무례한 부탁입니다. 혜월선사님은 그러면 너희들한테 일러 줄 것이니 나의 걸망을 가져오라고 하였다. 진성과 현암은 걸망을 갖다 주었다. 단편의 두 권의 책이 들어있었다.

그 책은 주역팔괘를 풀어내는 데 필요한 역서였다. 진성과 현암은 그날부터 역서에 대하여 탐독하여 백일 동안 불철주야로 탐독하여 진성은 도중하차하고 현암은 계속 정진하여 경견이 바뀌어서 마치 실성한 사람처럼 화장실에 가나 어떤 일을 하면서도 중얼중얼하였다.

그런데 마침 하루저녁에 잠시 눈을 붙이고 잠깐 잠이 들었는데 허공에서 흰 천을 온몸에 두르고 내린 어여쁜 여인이 보였다. 저 멀리 지평선에는 하얀 모래가루가 깔려있고 넓고 넓은 대지 위에 여인이 성큼성큼 날듯이 현암에게 가까이 와 내가 저곳에 가야 할 터인데 어찌 갈 것인가 하여 그래서 이곳에 있습니다.

날 따라오라고 하여 슬렁슬렁 따라가노라니 물이 좌우로 갈라지고 길이 나 현암을 인도하여 그곳에 무사히 가니 큰 목탁이 하늘에서 내려와 앞에 떨어진 목탁을 들어서 한번 치니 따르릉 두 번 치니 따르릉 세 번 치니 따르릉 하는 소리가 세상을 흔들리는 것같이 진동이 울려 퍼져갔다. 현암은 그 소리에 잠을 깨고 나니 꿈이었다. 참으로 이상하다. 머릿속에서 떠나지 않고 생소하게 남았다. 그 순간부터 현암은 무엇을 생각하였느니 좀 더 알고 싶은 것이 많아졌다.

그러나 머릿속에 들어오지 않고 슬픔에 잠기고 사는 것이 괴롭고 만사가 귀찮고 홀연히 떠나 인적이 드문 깊숙한 산 속에 가고 싶어지면서 무한의 공감을 찾고 싶어졌다.

선사님, 도무지 머리에 들어가지 않고 도무지 의욕이 없어서 어떤 방법으로 수행을 하여야 합니까 여쭈었다. 혜월선사님은 신의 경지에서 시련을 극복하려면 우선 신념이 굳고 의지가 강하야 하느니라. 하시며 백일기도 결사 정진을 하여 보렴. 너에게는 부처님의 가피가 정신이 침체되어 너는 응시에서 수용하지 못하여 하나 하나 파멸되어가니 진정한 진리에서 무언과 명상에 잠기어 실상을 찾아야 한다고 하시면서 우선 기도를 하는데 몸이 깨끗하여야 한다며 추악한 피와 육신에 탐심과 치심이 있으니 다 씻어내야 한다고 하였다. 현암은 정녕 그럴지도 모를 일이다.

그런 방식으로 현재까지 살았으니 선사님의 말씀이 당연한 것이었다.

선사님, 어떻게 하여야 도를 깨치나요.

치악산으로 가자. 그 곳은 험한 계곡이 많고 인적도 멀고 기도하기에 참 좋은 곳이다.

현암은 혜월선사님과 치악산을 입산할 것을 약속하고 다가오는 음력 3월 16일에 가기로 날을 잡았다.

그날부터 며칠이 지난 후 기다리던 날이 다가와 현암은 선사님의 인도로 치악산에 갔다. 치악산은 참으로 운치가 있으며 사나운 계곡과 기암절벽도 많았다.

선사님은 기도터를 잡고 현암을 설득하시는 것이었다. 기도를 하려면 우선 자고 우천 시 때로 견디기 위하여 움막을 지어야 한다. 하시며 아랫마을에 내려온 선사님은 아시는 분이 있었는지 꽤 잘사는 집 같은 문전에 다가섰을 때 불독이 으르렁대며 훌훌 뛰며 컹컹컹 짖어댔다.

현암은 주인 계십니까 부르니, 노인할머니가 나오면서 불독을 나무라며 야단을 친다. 현암은 옆에 계신 선사님이 다가서며 날 모르시나요. 역시 주인 할머님은 잘 모르는 듯이 이리 기웃 저리 기웃거리시더니 아휴, 도사님이셨군요. 늙고 눈이 어두워 분별을 못하여 죄송합니다. 들어오십시오. 아닙니다. 다름이 아니라 저 치악산 장군골에다 기도터를 잡았습니다.

움막을 칠까 하여 일꾼을 구하고자 찾아뵈었습니다.

할머님은 우리 아들이 잠시 있으면 올 테니 우선 안으로 드십시오. 할머님의 따뜻한 인사를 거절할 수 없이 현암과 선사님은 방으로 들어왔다. 그런데 할머님 방에서 향 타는 냄새가 난다. 노인은 눈치를 알아차리고 도사님 할머님이 손자가 월남에 파월장병으로 나갔다기에 기도를 드리고 있었을 때 우리가 찾아왔다. 하시는 말씀이었다.

나 참 방해가 되었군요. 아닙니다. 도사님을 찾을 길이 없어 무단히 애가 탔습니다. 도사님한테 여쭐 말이 있었습니다.

우리 큰아이 사업을 차려도 잘되겠습니까. 선사님은 사업은 타고난 직업이 있으면 잘되겠습니다. 그러기에 말씀 드리는 것입니다.

문을 열고 사람 소리가 난다. 노인은 밖에 나가신다. 이제 오냐. 도사님이오셨다. 네, 도사님이요 오랜만에 오셨네요. 하는 소리가 방 안으로 새어 들어왔다.

방문이 열리고 도사님 주인아드님이 부르면서 무릎을 뚫고 큰 인사로 엎드린다.

그동안 별고 없었나, 네! 주인아들은 고개를 들고 도사님을 기다렸다. 나 같은 사람을 기다리다니 별 말씀을 다 하십니다. 어찌 이처럼 오셨는지요.

다름이 아니라 선사님이 현암을 가리키며 나의 상자인데 참다운 진리의 삶을 찾으려고 무언기도를 시작하려는데 우선 움막이 필요하여 페를 끼치려고 찾아왔습니다.

주인은 제가 필요할 것이 무엇이며 도와드려 줄 수 있는 것을 가르쳐 주십시오. 혜월선사님은 고맙습니다 인사를 했다.

저희가 선사님의 은혜를 갚으려면 어떤 것이든 도와드려도 갚을 수 없습니다.

주인은 현암을 바라본다. 현암은 감사합니다. 별말씀입니다.

선사님의 상자이시면 더더욱 도와드려야 합니다.

현암은 참으로 기뻐하였다.

현암은 그동안 기다리고 기다렸던 무언가의 수행이 눈앞에 다가왔다.

현암은 선사님을 바라보며 참진리와 삶의 길을 인도하여 주시옵길 간절히 부탁하고 큰절을 하였다. 혜월스님은 무언은 만물과 더불어 조용히 숨을 쉬고 견성하며 무상의 허공을 날며 인도하여 비통한 욕망을 버리고 자연의 진리에 섭수하여 무한의 삶을 새롭게 창출하여 어떤 과오를 무상에 떨쳐버리고 자연의 이치를 처음 알아야 하느니라 큰스님이 교리를 내리시었다.

현암은 깊은 명상에 잠겨 그 뜻을 결코 이루리라고 다짐을 했다.

어떤 유혹에 빠져 갈등과 공포는 나에게서 멀리 멀리 가거라. 현암은 죽은 결심을 하였다. 그날 밤은 보살님 댁에서 자고 아침공양을 하고 주인아드님과 현암은 움막을 칠 것을 분배하여 산에 올라갔다. 우선 땅을 고르고 비와 바람막이를 피하기 위해 말뚝을 박고 집단으로 움막 치고나서 가랑잎을 두툼히 깔고 가마니를 깔고 나니 방안 같지는 못하여도 그런대로 의지할 수 있었다. 다음 현암 솥을 걸 준비를 갖추었다. 주인아들과 현암이 내려왔다. 우선 덮을 이불과 솥과 수저 밥공기를 준비하였다. 석유 호롱불도 준비하였다.

현암은 그날 밤부터 기도를 시작하였다. 혜월스님 기도 중에는 절대 말을 하지 말라는 당부를 하시어 현암과 혜월스님은 작별하고 스님은 하산하시고 주인 집에서 약간의 쌀과 소금과 몇 갑의 초와 향을 준비하여 주었다.

현암은 등에 메고 입산하여 그날부터 기도에 들어갔다. 그날 밤 기도를 하는데 참으로 공포 속에서 두려움과 오싹오싹 소름이 끼쳤다.

바람을 무척 불어 닥치니 촛불도 꺼지고 으스스하기 짝이 없다.

그러나 현암은 혜월스님의 얼굴이 떠오르고 고향 생각도 나고 막막한 시간은 자정을 넘었다.

어느덧 새벽이 왔다. 등 위에 이슬과 찬바람이 스칠 때 졸음이 왔다. 그러나 졸음을 억제하고 마음에서 오죽 관세음보살을 염원하고 있었다. 얼마 만에 동녘에 먼동이 트며 새빨간 햇살이 온몸에 들어왔다. 조반 공양준비를 하려고 일어서는 순간 앞으로 엎어져 넘어졌다. 다리가 굳고 온몸이 굳었기에 그럴 수밖에 없었다.

현암은 입술을 깨물고 정신을 차려 움막으로 기어 들어갔다. 앞서와 같은 반복되는 무언기도는 너무도 어려웠다.

그러나 현암은 필사의 죽음을 각오한 이상 여기서 좌절할 수 없었다. 무언의 기도수행은 한 달 두 달 석 달을 지나 어느덧 백일이 되었다.

현암은 일차무언에서는 목적대로 달성하였다. 다시 백일을 지내기에는 너무도 지쳐 있었다. 이미 지친 것보다도 영양실조 때문에 피부는 온통 비듬투성이고 얼굴은 누렇게 떠있었으니 참으로 비참한 모습이었다. 그날 아랫마을 처사님이 기도움막에 찾아왔다. 처사는 현암을 보던 순간 마음이 아파 시선을 좌우로 흔드시며 행자스님 이러다가 큰일을 당하지 않게 그만 하산하세요. 몸을 보니 매우 상하하였으니 어서 차비를 서두르시길 바랍니다. 현암은 아무것도 얻은 것이 없는데 하산은 결코 하지 않으리라고 다짐하였다.

현암은 무언중이라 말문을 이어 답변하지 않고 땅에다가 고맙습니다. 아무것도 깨우친 것이 없습니다. 사백 일을 지낼까 하오니

처사님이 소승에게 도움을 주시려면 그냥 하산하시는 것이 도움

이 될 것입니다.

처사님은 현암의 뜻을 알았는지 고개만 끄덕끄덕하시더니 한 걸음 두 걸음 내려가는 처사님의 뒷모습을 바라본 현암은 애절히 느낀 것은 인생의 길은 저와 같구나 마음을 주고 정을 주는 인간 삶은 어떠한 위기에도 피할 수 있다는 것이 새롭게 창출된 것이다.

현암은 그날부터 다시 무언정진에 깊이 빠져들어 가고 있었다.

그로부터 십 일이 지난 후 혜월선사님이 현암의 기도움막을 찾아왔다. 현암은 반가웠으나 무언 중 말을 못하고 시선을 주시하면서 슬픈 마음에서 눈물이 눈언저리에 고였다.

그를 바라보시던 혜월 스님은 깊이 통찰하시고나서 아무 말 없이 움막을 뒤에다 두고 총총이 사라지고 계시었다.

그로부터 삼 일 후 스님은 곡식을 전해주시라고 처사님한테 부탁을 하시었다.

처사님께서 쌀을 볶아 미숫가루를 가지고 왔다. 말없이 미숫가루를 놓고 처사님은 내려가시었다.

현암은 너무나 굶주린 상태였기에 피골이 상접하여 거동하기조차 힘들었다. 그래도 조금씩 미숫가루를 입에 넣고 입 안에서 마른 침으로 미숫가루를 녹여 삼켰다. 그리고 나니 눈 뜨기도 좀 부드럽고 시야가 밝아졌다. 현암은 미숫가루 한 말로 백일을 지나고 솔잎으로 연명하였다.

그런 끝에 진각은 피로 갈리고 모든 생태가 바뀌었다. 머리에는 새롭게 찬란한 환희심이 솟구쳤으니 다소 자신을 잊고 있었다.

그날 밤 자정을 지나 새벽녘께 하늘에 오색의 찬란한 빛이 현암의 마음에 비쳐 온몸이 하늘에 오르는 듯싶고 몸에서 더운 기운이 솟구쳐 새롭게 정기를 받은 듯하면서 귓전에다가 너는 무엇을 원하느냐 너의 원을 들어줄 것이니 대답을 하여라 하고 큰소리가 들리었다. 현암은 순간 엎드리면서 진리와 자신의 용기와 힘을 주시옵소서.

눈물이 순간 얼마나 흘리었던지 엎드렸던 현암이 정신을 차려 고개를 들었을 때 옷자락이 흠뻑 젖어 있었다. 등에는 땀이 젖어있으며 참으로 기이한 일이었다. 그 순간부터 자신이 무엇이며 두렵지도 않고 갈등과 공포도 없이 온몸이 날을 듯 개운하고 상쾌하며 하늘을 날듯 찬란한 새벽바람으로 세상이 한눈에 들어오는 기분에 자신이 있고 추악한 과거와는 비교가 되지 않았다.

그날로부터 하산하여 동리처사 집에 잠시 들었다. 처사님은 잠시 출타하고 보살님만 계시었다. 보살님은 무척 안타까운 표정으로 현암을 바라보며 수행에 얼마나 고생이 많은가 다행한 구도이기에 고행이 없다는 표정을 짓고 그동안 여러모로 폐를 끼치며 죄송하다는 서필을 남기고 현암은 만행의 구도를 떠나기로 굳은 마음이라 처사 집을 나서 동리 고샅길을 빠져나가고 큰길로 접어들었을 때 스님하며 부르는 소리가 들려왔다.

현암은 걸음을 멈추고 뒤를 바라보았다. 출타하시었던 보살님

아들처사가 빠른걸음으로 현암의 옆에 다가서며 다소나마 도움이 될까 하여 몇 푼 되지 않은 노자를 드리오니 받아주시옵길 바랍니다. 너무도 고맙고 밝은 마음에 현암은 거절할 수 없어 고맙습니다라는 표정으로 반배의 절을 하고 합장배래하며 현암은 떠나 이곳저곳에 갈 곳도 없이 만행길을 떠나가는데 무척 여윈 몸이고 탈진한 몸이라 걸음이 빠르지 못하였다.

하루해가 서산에 기우는데 현암은 마땅히 반겨주는 곳이나 의지할 곳 없는 구도 수행자라 꼴이 마치 거지꼴이나 다름없고 참으로 비참한 형상이 되었던지 보는 사람마다 젊은 사람이 안됐다는 소리뿐이던 사람이 현암의 뜻을 알 리 없었다.

굶주린 몸을 지탱하여 큰 마을에 당도한 현암은 우선 시장기를 면할까 하여 연기가 나는 집을 찾아 들어갔다. 주인이 나오면서 어디서 오시며 무엇 하는 사람이야, 하며 묻는데 현암은 무언의 만행이기에 말을 하지 않고 땅에다 굶주린 수행 구도자이오니 요기나 좀 하여 주십시오. 땅바닥에 써놓은 글을 잘 모르는 아주머니라 통할 수가 없어 주인아주머니께서 참 딱한 젊은이 무엇을 달라고 하는 모양인데 말을 못하는 것 같기도 하니 참 아니되었던지 다시 들어가 백 원짜리 지폐를 들고 나와 현암에게 주면서 우리집은 아직 밥도 다 되지 않았으니 이것으로 밥을 사서먹도록 하라며 건네준다.

현암은 그대로 나와 이 동리에선 밥때가 아직 되지 않았으니 건너 마을로 가면 때가 되겠다 싶어 그 집에서 나오니 주인아주머님이 따라나오며 참 착한 사람이 말을 못 하니 불쌍하지 하며 주는 돈도 받지 않으니 더구나 마음도 착하네. 그런 순간 동리 아저씨 아주머니들이 이집 저집에서 웅성웅성하며 저런 사람을 도와주어야 공이 된다네. 말도 못하고 어디가 아픈 병자인가 몸이 쇠약하고 기운이 없어 보이니 그런데 무어라고 자네 집에 와서 하던가 말도 하지 않고 땅에다 글을 써 놓았는데 내가 볼 수가 있어야지 그래.

어떤 아주머니가 글을 아는지 그 집 마당에 써놓은 글을 읽었던지 잠시 동리를 벗어날 무렵 아주머니가 잠시 감자를 들고 오시며 여보시오 부르며 달려와서 현암은 서 있었다. 그 아주머니와 같이 달려온 아주머님은 아까 본 아주머니가 아니라 윗집에 산다는 아주머니였다. 점심때 아이들이 먹다 남은 감자인데 시장기를 면할 수 있으니 이것을 드시오 하며 현암을 바라보며 얼굴은 잘생겼는데 말을 못하는 것 같구먼. 어서 먹고 저물기 전에 잘 곳을 찾아가보시오.

현암은 고맙습니다. 저는 무언만행 수행자라 말을 하지 않습니다 하고 금시라도 말을 하여 줄까 하였으나 현암은 굳은 마음의 진리의 구도에 인간심리적 생활의 만행길이 현암에게 큰도움이 될 것이다 라는 생각이 머리를 스치며 가슴 깊이 와 닿는 것은 인간들의 생활 속 심리를 파고들어가 참 삶의 진리를 알아보는 것이 구도정신의 신념이 아닌가 현암은 합장하며 반배하니 아주머니가 아마

절에서 나온 사람같기에 스님들이 하는 인사법인데 하시며 발걸음을 돌리지 않고 물끄러미 바라본다. 참 안타까운 사람 하면서 혀를 차며 돌아가셔서 무어라 하고 서 있다. 현암은 그대로 앉자 감자를 먹고 있으니 목이 막히어 음식물이 넘어가지 않는다.

순간 아주머니 한 분이 달려와 뒤 등을 툭툭치며 물을 좀 줄까 하며 연말댁 물을 좀 갖고 오게 연말댁은 물을 가지러 가고 아주머니는 현암에게 접근하여 무엇을 알아내려고 자주 말을 걸어본다. 그러나 말을 하지 않고 그대로 일어나 서려고 하니 물을 갖고 오니 좀 마시면 괜찮을 것이오 하며 일어서지 못하게 붙든다.

현암은 잠시 머물러 하늘을 바라보고 인간 현암(오석)은 무한의 진리를 이런 삶에서부터 시작하는데 의의롭게 생각하며 서산에 햇빛을 안고 일어서며 합장하며 작별을 나누고 길을 떠나 마을을 벗어난다.

현암은 서산에 지는 해를 바라보며 무작정 길을 따라 정처 없이 가노라니 큰 동리가 눈앞에 보이니 오늘은 이곳에서 하룻밤 신세를 지고 내일을 생각할 수 있는데 우선 몸을 둘 곳을 정하려고 이 집 저 집에 문전에서 기웃거릴 때 동리에서 가장 큰 한옥집이 눈에 띄어 그 곳을 선택하였다.

현암은 문전에 서서 서성댈 무렵 마당에서 중년 부인을 만나게 되니 중년부인이 다가오며 누구신데 이곳에서 서성거리고 있습니까 하며 접근할 때 현암은 일상생활에서 통상 답변을 할 수 있는

예를 갖추어야 할 때 우선 말이 앞서야 하는데 무언 중 만행의 길이라 묵비권을 주장하며 함구하며 서 있으니 여보 누구를 부르는 듯싶었다.

잠시 후 집주인 남편이 나왔다. 이 젊은 사람이 누굴 찾아왔느냐고 물었으나 대답이 없고 이상한 사람입니다. 현암은 주인 남자를 바라보고 밝은 미소를 지으며 합장배례를 하였다. 순간 사람 누굴 찾아 왔소, 무엇 때문에 이처럼 저희집에 오셨는지요. 현암은 손짓으로 종이와 연필을 내놓고 무언만행의 수도자이오니 하룻밤을 유숙하자는 내용을 써내려간다.

주인은 현암 옆으로 다가서며 내용을 본 듯이 이해가 되지 않았는지 사람이 살다보니 별 사람을 다 본다고 하여 현암의 연필과 종이를 건네줄 것을 요구한다. 현암은 주인한테 건네주니 우리 집은 기독교를 신봉하니 다른 집을 가라고 거절하는 내용의 글을 써내려간다. 현암은 알았다는 듯이 고개를 끄덕끄덕 하며 합장하고 인사를 하며 집을 나섰다.

현암은 이곳만도 도시권에서 가까운 곳이었던지 기독교 신앙이 활발하여 수행자에 관한 사정은 큰 도움이 못 되었다.

현암은 동리를 벗어나 좀 가노라니 원동이란 마을이 다가왔다.

마을입구에 들어서니 안도감이 마치 친척마을에 당도한 것 같았다. 순간 요란스럽게 울려오는 것은 동리마을 안 고샅 모퉁이 집에서 목탁소리가 들려왔다. 현암은 귓전이 확 틔며 마을에 사람이 있나 보다 그곳에 가 하룻밤 묵고 갈 것을 마음에 굳히고 다가설 때 상주가 점포에서 나왔다. 상주를 보는 순간 현암은 상주 뒤를 따라갔다.

서너 집을 지나 큰 기와집에 문이 열려있고 마당에 전깃불이 밝게 비치고 있다. 상주는 집안으로 들어서고 보이지 않았으며 마당에 많은 사람들이 서성대고 취객들도 왁자지껄하였다.

현암이 들어서자 순간 젊은 사나이가 그를 쳐다본다. 역시 사나이가 현암을 보아하니 절식하는 사람처럼 보였던지 별로 친절성이 없이 냉철하게 되묻고 있다.

현암은 불쾌한 마음이 들지 않고 종이와 연필을 요구한다. 젊은 사나이는 그 집 사위였던지 안으로 가 연필과 종이를 갖고 나와 건네준다. 현암은 종이에다 수행하는 사람이오. 말을 할 수 있으나 현재 무언기도로 만행 중 허기가 져서 기를 채우려고 이곳에 왔소이다. 도와주시옵소서.

젊은 사나이는 알았다는 듯이 내전에 들어가 한상 차려가지고 와 치하하며 수고가 많소. 소찬이지만 굶주림에 도움이 될 것이오.

현암은 고맙다는 표정으로 합장하며 저녁식사를 끝마치고 상을 들어 갖고 나서려고 하였으나 다리가 부들부들 떨린다. 순간 젊은 사나이가 괜찮소. 제가 갖고 갈 것이니 거기 놓으시오.

현암은 다시 한 번 하늘을 바라보며 현암도 한 청춘인데 이처럼 쇠약하고 이처럼 나약하여 진실한 삶이 진정 이룩될까 허탈감이 온몸에 스쳤다. 그러나 세상은 진실이 자연과 섭리하여 실현될 것이라고 재심청구할 용기를 갖추고 일어서서 제실 쪽에 시선을 돌리고 바라보는데 스님이 있었으며 역시 인생은 무한한 삶을 가고 있나 진정한 삶은 여기도 있고 저기도 있는 것, 형상은 있으나 공 없는 것 잠시 왔다가는 것 그 한 삶이라 하여야 하나 현암은 마음에 새겨둔다.

잠시 있자 하니 귓전이 따갑다. 현암은 인간들이 오늘을 하루라고 한다면 내일은 오늘과 같이 알 리는 없을 터 그러기에 삶은 있을 것이라 현암은 이런저런 생각들이 또한 솟구쳐 나온다.

현암아, 너는 왜 이런 곳에 머물고 있느냐. 마음에서 큰소리가 터질 것 같다. 그러나 현암은 감수하고 두 주먹을 꽉 쥐고 몽한이여 몽한이여 물러나라 물러나라 마음에서 흩어진다.

현암은 주인한테 인사라도 하고 나설까 하여 나선다. 그때 젊은 사나이가 옷깃을 잡고 지금 장인 혼을 천도하는 데 여념 없으니 그냥 가시어도 괜찮다는 말을 하기에 집을 나서며 작별인사로 합장하고 동리를 나서 자정 무렵에 읍내에 당도하여 숙소를 정하려고 이곳 저곳에 다녔지만 반겨주는 숙소는 없었다.

그런 도중 파출소가 보이길래 저곳에 가 사정을 드리리라고 마음에 결정하고 한 걸음 두 걸음 다가서서 파출소 앞에 이르렀다.

문을 열고 들어섰다. 순경이 누구시냐고 묻기에 종이와 연필을 집어 무언기도만행의 수행자하고 써내려가니 알았다는지 서곳에 가 앉아있으라고 한다.

앉아 있으니 다가와서 본적 정명을 쓰라고 하여 현암은 써주었다.

그렇게 오고가면서 마치 진정 말을 못하는 사람과 대화를 하듯이 경찰과 수행자는 참으로 멋진 감정으로 대화를 나누고 있었으며 현암은 새롭게 만행의 무언은 실현될 때 참으로 감격하고 있었다.

잠시 후 결정적 내동은 숙직실로 인도하에 잠시 눈을 붙일 것을 요구하는 내용서가 적혀져간다. 그럼에 현암은 숙직실로 가 눈을 붙이려고 했으나 잠은 오지 않았으니 가부좌를 하고 앉아 정근은 마음에서 관세음 보살님을 염원하며 무언으로 정진하고 있었으니 시간은 흘러 어느덧 새벽이 다가온 듯싶었으니 눈을 뜨고 방 안을 둘러보니 창 밖에는 밝은 빛이 새롭게 비치고 있었다.

현암은 다시 눈을 감고 정진하려 몸을 가다듬고 앉으려고 할 때 어디서 온 젊은 사나이가 몹시 초라한 사나이였다.

현암의 숙질실에 들어서는 젊은 사나이 손목에 수갑을 채워져 있었다. 현암은 더 이상 명상에서 좌절하고 자리를 바꾸고 일어서서 밖으로 나가려 하니 경찰관은 이봐 어디로 가려고 하나 현암은 손을 가리키며 국부 요관을 잡고 변소를 물었을 때 경찰관은 손으로 가리키며 저곳에 가라고 한다.

현암은 소변을 보고 돌아오니 젊은 사나이와 경찰관은 진술서를 내놓고 취조를 받는데 내용은 마약법에 저촉된 소위 마약사범이었다. 현암은 또한 삶에 무한의 경지에서 큰 체험이 된다. 우선 누워도 됩니까 손짓으로 경찰관에 청하니 좋을대로 하라는 배려를 받고 무관한 일이라 누워서 잠을 청하려고 보니 두 사람의 내용이 너무도 우스운 것은 말을 못하는 수행자와 마약사범이 한자리에서 경찰관의 취조과정을 들을 수 있다는 것, 마약사범의 진술은 마약을 사기 위하여 인간을 상실하며 절도죄로 진술서에 진술하는 젊은이의 애절은 몹시 괴롭고도 어리석은 인간이 저처럼 자기 자신을 망쳐 내리는데 현암은 그래도 인간다운 길을 가고 있구나.

그러니 몸이 좀 더 저런 인간을 저토록 마약에서 자신을 버리듯이 현암은 자신도 철저한 수행에 버러지처럼 망각에서 진정한 응보에서 법칙이 허용된다면 반드시 진리적 수용을 자작자수란 응답에서 필연 만행은 헛됨이 아니라는 것을 새삼스럽게 알게 되었다.

두세 시간쯤 되었을 때 형사들이 들어왔다. 차에 젊은 사나이를 싣고 갔다. 현암은 그만 작별의 인사를 하려고 경찰관님 앞에 다가가서 합장하고 나오려는데, 여봐, 배가 고프지 않나 현암은 고개를 끄덕끄덕하며 미소를 짓고 나선다.

현암은 나서본 즉 또한 막막한 거리 차갑게 스치는 새벽바람 찬 공기는 가슴을 가르듯이 냉혹하기만 했다.

그러나 언제나 인간은 무상한 것이기에 죽음이 삶이요 삶이 죽음이라는 모든 것은 남기지 않으나 그 형상은 그림자와 같다는 생각을 해본다.

그로부터 무언 만행은 도시권으로 접어든다. 현암은 군산행 기차를 타고 군산에 도착하여 군산의 이곳 저곳을 다녔으나 인간 사는 데는 어떤 곳에 가보아도 별 다른 차이점은 없었다. 다만 생활습관은 인간 각자의 노력관이 다르기에서 차이점이 있으나 결과는 형상에 그림자와 같다고 본다.

현암은 어디로 가든지 허기진 몸뚱이에서 기력은 점차적으로 떨어져 지탱하기 어려워졌다.

수행자에게 물질적 현실에서 내놓으라는 가치관은 없으며 우선 허기진 데 따뜻한 음식이 필요했기에 무전걸식을 하기로 결심하고 이집 저집에 몸을 던졌으나 그리 쉬운 일이 아니었다.

하루 한 때 아니면 두 때 끼니를 연명하는데도 구애됨이 많았다.

물론 잠자리는 구걸한 돈으로 하숙하였으나 여의치 못하여 이곳을 떠나서 부산으로 갈 것을 마음으로 갖추고 날이 밝아 기차역에 나가서 역장님한테 준비하여 가지고 간 안내문 수행만행자라는 애원의 도움을 청했다.

선처를 바랍니다라고 간청하니 역장님의 주선에 기차표를 구할 수 있었으며 현암은 기차에 몸을 싣고 무언만행길은 이어지고 부산항구에서 실존의 삶이 어떠한가 체험하려고 떠나는데 무슨 뜻이 있으랴.

현암은 부산에 도착하여 우선 구걸이 허기진 몸에는 보배였기에 구걸을 나섰으나 역시 그곳에도 무언 수행자는 구걸도 통하지 않았다.

부산을 떠나 구포에 도착하여 문전걸식으로 주린 배를 채우고 이곳 저곳에 걸식하며 삼 일 동안을 보내고 난 현암은 대구로 발길을 돌려 하루하루 도보로 대구를 찾아간다. 삼 일 동안을 걸어 지친 몸을 지탱하며 밤이면 집단 속에서 잠을 자고 그로부터 오 일 후 대구에 도착하여 팔공산을 찾아 산기도를 하고 다시 구걸로 도보하며 방랑의 무언만행은 이어지고 어느덧 백팔 일을 만행하고 난 현암은 추악한 거지꼴이 되었다. 그동안 세월은 흘러 어느덧 5월 중순경이라 산천도 푸르고 하늘도 푸른데 태양도 따갑게 현암을 활기차게 일으켜 주고 있는 계절 다시 현암은 지리산 천황봉 밑에 기도터를 정할 것을 작심하고 지리산에 오를 준비물을 구하기 위하여 열심히 구걸하여 거금 삼만 원을 모아서 지리산에 들어갔다.

지리산에서 십 일 기도를 하고 다시 하산하여 덕유산에 들어가 칠일기도를 하고 다시 마이산으로 들어갔으나 별로 기대와는 환경이 맞지 않아 하산하여 모악산에 들어가 칠일기도를 마치고 하산하였다. 그동안 초근목피로 연명하여 앞서 거금 삼만 원은 차비로 충당하고 일금 칠천 원이 남았다.

계룡산을 찾아 백운봉 중턱 토굴 속에서 칠일을 정진하고 대전에 도착 문전걸식을 하며 하루를 구걸하여 일만 원 상당의 수입을 하여 다시 임산수도 길을 떠나 속리산 정상에서 칠일기도를 하고 나서 하산 후 다시 서울삼각산 백운봉 밑에 토굴 속에서 이십일 일 기도 후 북한산에 도착 다시 선녀 폭포 옆에 칠일 기도 후 오대산 방아다리 약수터에서 칠 일후 태백산에 들어가 칠일기도 후 서울에 도착하여 불암산에 삼일기도 관악산에 삼일기도 남한산성에서 삼일기도 인왕산에 삼일기도 후 하산하여 불광동에서 자리 잡고 우선 그동안 수행의 뜻을 정리하여 새롭게 인간 삶을 구상하려고 이리저리 헤매이던 중 천보살이란 분을 만나게 된다. 우선 천보살님은 구세주와 같아 매달리고 안간힘을 써 보았다.

그러던 중 천 보살님이 수행자라면 인간 삶에서 진리적으로 밝은 빛을 현암에게서 찾아볼 수 있었던지 그도 현암을 따사롭게 대하여 물질적 이로움도 있고 우선 식사와 편히 몸뚱이를 두고 지낼 수 있다는 것은 참으로 큰 도움이었다.

현암은 머리도 장발에다 옷은 남루하여 보잘것없으며 추악스럽기 그지없었던지 새 옷을 한 벌 사주시고 목욕도 하고 이발소에서 단장도 하고 보니 그런대로 틀이 잡혀있어 보인다.

천 보살은 동리에 아주버님을 몇 분 모시고 산에서 기도하고 하산하신 수행자인데 참으로 고생도 많았으며 공부도 많이 하였다 하니 우선 이분 좀 앞날을 보아 주시기를 부탁한다.

현암은 반대할 수만은 없었다 그러나 천 보살님의 부탁이니 별도리가 없어 현암은 눈을 감고 (명상에 혜안법을 통하여(심령통찰법을 관조하니)) 홀연히 가문의 가족 일신상이 스쳐간다. 그러는 순간 현암이 몇 마디 건네준다.

현암의 스쳐가는 환상속 형상은 여자의 얼굴에 근심이 있어 보였고 그 뒤 남자의 얼굴이 스치며 몽둥이를 들고 쫓아가는 것을 보았다.

현암은 아주머님 집안에 여인이 슬피 울고 남자는 매우 사나웁게 여인을 쫓아버리니 집안에 큰 환란이 있으니 이는 큰 액운이 있을 징조이니 방편을 하여 주시오. 아주머님의 답변은 그런 사실이 있다고 한다. 그런 사실은 며느리가 춤바람이 나서 남편이 잡아 감옥에 집어 넣었다 한다. 그래서 여쭈어 보았다.

현암은 다시 마음에서 신통력 미로를 찾아간다. 그때 스치는 것은 젊은 사나이 한 사람이 목을 매 죽은 시체가 보인다.

아, 당신 집안에서 목 매어 죽은 남자가 보이네요. 아주머님의 말씀인 즉 우리 시아제가 연애사건으로 죽었습니다.

그런 영혼소치들이 며느리에 삶에 장애물이 되어 가정에서 이탈하여 탈선은 사고의 원인이 되니 복구를 하여 원칙으로 놓아야 합니다.

그리하여 현암은 그 아주머님 가정에서 방편을 하여 주는 대가로 일금 삼십만 원을 시주하여 받아서 천 보살님 드리고 보답의 대가를 치러 주고 하루하루 그런대로 인생 삶에서 적응하여 일 년이란 세월도 지나게 되고 현암도 이젠 고향으로 가보려고 천 보살님 드릴 말씀이 있습니다. 고향으로 좀 갈까 합니다.

천 보살님은 아, 그럼 가봐야 하고 말고 하시면서 그동안 현암의 시주금을 모아둔 금액이 이백칠십만 원이 있으니 이것을 줄 것이니 갔다 오라고 한다.

현암은 너무 감개무량하여 보살님 감사합니다. 건네주신 일금 이백칠십만 원을 받아든 현암은 너무도 감격한 마음이라 눈물과 뜨거운 열기가 솟구쳐 났으나 억제하고 어금니를 꽉 다문다.

잠시 후 현암은 고향에 간다는 기분에 착잡하였다.

그동안 너무도 처절한 고뇌에 시달려 왔기에 그러나 한편으로는 소식도 궁금하여 집을 나선다. 소품이라야 걸망과 세면도구, 천 보살님은 현암을 바라보시며 아버님을 뵙고 결혼도 하여 잘살아줄 것을 당부하며 따라 나와 동리 앞의 골목길을 나서 큰 도로에까지 나와 작별하고 돌아가시었다.

버스를 탄 현암은 서울역에 도착하여 잠시 후 열차에 몸을 싣고 호남선 완행열차는 고향으로 달려간다.

그로부터 다섯 시간 후 현암은 전주에 도착한다. 현암은 부천의 집에 당도했으니 너무 오래된 세월이라 막상 문을 열고 들어갈 용기가 나지 않았다. 문 앞에 서 있노라니 아버지께서 외출하시었다가 돌아오시던 중이었던지 현암과 마주친다.

그러나 아버님은 현암을 모르시고 저희 집은 불도를 믿지 않으며 아무것도 줄 것이 없으며 우리같이 빈천한 생활로 고통이 많으니 딴 곳에 가라고 한다. 그때 현암은 가슴이 터지게 아버님을 부르고 싶지만 억제하고 묵묵히 서 있다가 아버님 하고 부르니 아버님은 우리 아이는 서울에 갔으나 소식이 없어 이처럼 고통만 하고 있습니다.

아버님 저 오석(현암)이라고 하며 아버지를 품에 끌어 안겨 불초자식 용서를 구하오니 그래, 네가 오석(현암)이 내 자식이 분명한가 들어가자.

오석(현암)과 아버지는 방에 들어간 후 두 부자는 마주 앉아 현암은 부친께 큰절을 하며 눈시울이 뜨거워진다. 순간 아버님도 눈시울을 적시며 부자 상봉 후 현암은 그동안 고통과 어려웠던 지난 일들을 주절주절 말로 전하며 토론하였다.

그로부터 일주일 후 현암은 부친과 같이 어머님의 묘소에 찾아가 현암은 어머님께 진정히 추도하고 돌아서서 하늘을 바라보며 지난 일들을 새롭게 스치는 마음은 애절히 아프고 메이는 듯싶은 마음이 허공에 스치는 바람이 가슴에 허전함이 금할 수 없이 무척 괴롭다.

순간 아버님은 현암의 등을 잡아당기며 그만 가자고 하신다. 현암은 어머님 앞에 추도의 명상에 잠긴다. 아버님의 괴로운 표정이 현암의 눈에 들어온다. 아버님 가시지요. 현암은 아버님 손목을 잡고 서두른다.

그래 가자. 하시며 묘소를 내려온다.

두 부자는 동리 입구에 들어서는 데 이웃집 노인이 저게 누구아 물어본다 아버님은 자식이라고 하니 아, 오석(현암)이가 죽었다고 하더니 살아서 돌아왔다니 참으로 감격한다고 오석(현암)을 안아 주며 이제는 아버지와 같이 잘살기를 바란다는 말씀을 오석(현암)에게 당부하시며 집안에 들어선다.

그날로부터 삼 일 후 오석은 다시 기도의 길을 떠날 것을 마음에 굳히며 다시 문안의 인사를 드리며 아버님 방에 들어선다. 아버님은 현암을 바라보며 어디를 가려고 그러느냐고 물어본다.

아버님 집안이 너무 어려운 사정이오니 제가 할 일이 있으니 저를 보내주시길 바랍니다.

아버님은 이제 그만 가슴 태우지 말고 같이 살자고 한다.

아버지 현암은 할 일이 남았습니다. 제가 꼭 갈 곳이 있으며 할 일이 있으니 꼭 보내주시고 할 일을 다 하면 다시 돌아오겠습니다. 그럼 어디로 가느냐고 묻기에 목적지는 없습니다. 그러나 갈 곳이 정해져 있는 것이 아니오라 수행은 한계에 있는 것이 아니라고 봅니다. 현암은 무작정 집을 나서 현재의 삶을 벗어나려고 떠나는 것이었다. 현암은 작별의 인사를 하고 떠나간다.

갈 곳이 마땅치 않아 진안 마이산 청황문에서 일주일을 지나고 덕유산에 들어간다.

덕유산은 매우 냉정하고 사나운 듯한 경지에서 일주일을 보내면서 산에 대한 매력을 다시 찾게 된다. 산은 거짓이 없다. 인간의 경지에서 소외 당한 사람은 산에서 다시 구원을 청하여 무지의 뜻을 창출할 수 있다는 것이 산에서 시작된다. 그러나 산은 언제나 새롭게 구상을 하고 있었으며 모든 걸 용서할 수 있고 받아들일 수 있는 것이기에 그곳을 택하였을지 모른다.

그로부터 현암은 덕유산에서 이십일 일을 지나고 경기도 고양군 북한산에서 백일기도를 시작하고 정착할 곳을 찾고 있었다.

그러니까 태고사 주변에서 백일을 지나고 다시 아차산으로 들어간다. 아차산은 서울성동구 화향리 주위에 있으며 인접주택이 있으니 일주일을 나고 다시 불암산에 들어가서 백일을 나고 다시 서울에 들어온다.

서울에 들어온 현암은 무엇을 갖고 새롭게 삶을 차려 갈까 궁리 끝에 북한산에 들어가 우선 암자에 들어간다. 현암은 암자에 보살님한테 정중히 합장배례하고 난 뒤 이런 저런 사유를 전해드리고 난 뒤 이곳에서 잔일이라도 보살펴 주겠다 하니 그래 해주길 바란다고 하여 우선 암자에 일이 무엇이 할 일이 있으랴 현암은 일거리를 찾아보았다.

법당을 보니 너무 협소하고 어수선하여 그런 과제를 정리할까 하여 그날로 법당을 다시 재조하였으며 집안도량을 정리하고 진입로를 계축하고 산신각도 규모가 적어 기도하는데 불편하고 짜임새가 없이 그저 그렇다 하여 자연경지를 살려 석탑도 쌓고 돌계단도 다시 정리하여 놓고 옹달샘도 상탕 중탕 하탕을 만들어 놓았다.

천연암이라고 다시 간판도 걸어놓고 자연경관을 살려 놓으니 찬성이 더욱 울려진다. 그로부터 천연암은 불공객이 더욱 더 많아진다.

날로 번창하여 신도님들은 모두 현암이 와서 번창하였다고 한다. 그로부터 모든 책임을 현암에게 맡기게 된다. 현암은 열심히 정진하여 이곳을 크게 발전시킬 것을 마음에 간직하고 그동안 익히고 닦은 인생만행을 실천에 남기고 싶어진다. 그러나 그도 또한 장벽이 가로막고 있다.

장벽은 각처에서 산에서 사이비 종교가 형성된다고 또한 자연을 훼손한다는데 이를 규제하는 법을 재정하여 각처에 불법 건물 철거를 시도하여 일차무등산을 철거하고 계룡산 관악산 북한산에까지 온통 수난을 당하여 천연암에까지 철거가 들어왔다. 현암은 애써 갖추어 놓은 불공에 쓰는 집기까지 온통 수난에 대상에서 제외할 수 없이 몽땅 쓰레기 속에 묻히고 만다.

현암도 북한산을 떠나 북아현동 신도님 집에서 당분간 정착하고 있자니 막막한 삶이 다시 온 듯싶어 현암은 할 수 없이 배우고 닦은 것은 인간 삶에서 무안의 한계를 체념하였기에 생활불교포교당을 할까 하여 장소를 찾아보려고 이곳에서 저곳에 다녀 봐도 마땅치 않아 신촌이대 앞 대흥극장 주변에서 작다만한 점포를 구하여 월세로 삼십만 원씩 주기로 하고 우선 육십만 원을 선불로 지급하여 삼 일 후 봉축식을 하고 나서 어려운 고비에서 구생을 택하여 이런 생활을 할까 참으로 어처구니가 없다. 그러나 우선 현암은 현실을 현실답게 살아가는 데서 시작된다.

하루하루 손님이 들 때 목숨은 지탱할 수 있었다. 현암은 약간의 돈이란 것도 저축하였다.

그로부터 일년 이년이 지나고 보니 제법 술수도 났다.

인간이 갈 곳에 가야지 이런 허무한 곳에 망망의 삶을 살 수 있다. 그후 현암은 포교당을 그만두고 사찰로 들어갈 것을 마음에서 결정하고 떠난다.

떠나서 막상 사찰에 갈 곳도 없이 정리하고 나니 참으로 막막한 것이었다.

경기도 광주에 용화사에 부전을 구한다는 말을 들은 적이 있어 그곳에 갈 것을 마음에 굳히고 떠나간다. 그러나 그날따라 몹시 무덥고 장마철이라 그런지는 모르나 그날이 몹시 덥게 찌고 있었다. 그럼에도 현암은 용화사 입구에 도착하여 막상 용화사에 가야 하니 마음과 발길이 떨어지지 않는다. 그것은 승려가 아니고 세인과 다를 바 없기에 양심상 스님이라고 하기에 어이가 없다.

그러나 정신적 스님에 가깝다. 모든 것은 보이지 않는 곳에 있기에 보이지 못하는 것이 상대에서 있기에 그러나 이왕에 왔으니 부딪쳐보는 것이 원리라고 생각하여 현암은 산에 오르면서 무엇을 감추고 있나 인간은 갖추고 있는 것이 살아있다는 것이지 아무것도 없다니 그래 살아있는 동시에 존재된다.

죽음에서 온 존재하기에는 큰 경지에 이르러야 한다. 그러면서 한발 한발 사찰 입구에 다가서서 주인 동태를 살핀다. 그때 주지스님의 기침 소리가 들려온다. 현암은 기침소리에 얼마간의 거리에 대웅전이 있구나 하며 접근하여 간다.

한 모퉁이를 돌아서서 바라보니 요사채에 옆에 밭에서 하지감자를 캐고 있는 스님 보고 현암은 합장한다. 스님은 어디서 오시는 처사요 물어 현암은 머뭇거리며 정처 없이 떠도는 처사입니다. 아! 수고가 많습니다.

현암은 합장하며 스님이 더욱 수고가 많습니다.

별 말씀이요 당연히 할 일을 하고 있으니 수고라고까지 할 수 있나요.

그러나 현암은 스님의 얼굴빛을 살펴보니 무척 야위었으며 창백한 모습을 보니 폐가 좀 안 좋고 신장이 아파보였다. 현암은 좀 더 따스한 말솜씨로 스님 몸이 수척하여 피로하시게 보이니 제가 도와드릴까 합니다.

스님 참으로 감사합니다. 현암은 무덥게 찌는 폭염 속에 올라오느라 윗 저고리가 흠뻑 젖어 있었으나 어쩔 수 없이 스님과 같이 일을 도와주고 잠시 후 일을 끝내고 손을 씻고 세안을 하고 나서 마루에 앉아 소담을 나눈다. 그래 처사는 무엇을 하시고 이곳까지 오셨소. 주지스님이 묻기에 잠시 후 현암은 일어서서 큰 절로 스님에 배래한다.

스님은 다소 당황한 표정을 짓고 왜 이러시나요. 괜찮소. 그냥 앉아주시구려. 그러나 현암은 정식으로 문안을 드리고 나서 자초지종을 말씀드리겠습니다. 현암은 현재까지 지난 일을 몇 구절로 나누어 간단히 말씀드리고 이런 일을 맡아주시고 불초의 몸둘 곳이 이곳이라고 생각하여 찾아왔다 하니 스님이 허공을 바라보고 허 그러하면 초발심경은 읽혀 나왔소. 현암네 그런대로 닦았으나 스님의 생각에 들지 모르겠습니다.

불공은 드릴 수 있느냐기에 자신은 없으나 한번 해보도록 하겠습니다.

잠시 후 스님이 하시는 말씀 중 글 안이라도 내가 몸이 좋지 않아 부전스님을 구하려고 몇 사람한테 청탁을 드렸으나 마땅히 스님들이 없어 기다리고 있는 중이라고 한다.

현암은 이어 내 그런 청탁 말씀이 저한테까지 전해 이곳에 왔습니다. 그러기에 왔다니 더욱 실감이 나는데 주지스님은 그럼 땀도 계고 그랬으니 법당으로 가자고 하여 따라나섰다.

아참, 그동안 갈고 닦은 솜씨를 좀 봅시다. 현암을 시험하려고 한다. 현암은 법당 입구에서 합장하고 법의 절차를 따라 겸손히 행동을 취하여 법단 앞에 놓인 목탁을 손에 쥐고 그 법의 절차대로 두드리며 천수경과 반야심경 삼단불공즉안차비를 따르르하게 법설을 하고 나니 주지스님이 그만 하시면 대단한 월력이 됐습니다. 시험관을 통과하여 그날 저녁부터는 의식과 잠잘 곳은 정하여진 것이다.

그날 새벽 도량식을 하고 아침 예불을 드리고 나니 주지스님이 이제야 내 소원을 푼 것 같소. 그동안 스님들을 여러 분을 모셨으나 불공 하나 드리지 못하고 그냥 스님이라고만 그저 그렇게 생겨서 모두 보내고 나니 현암스님을 만나게 됐다고 반가워하시면서 병원에 입원 수속을 밟고 모두 그동안 이 사찰을 보살펴주시구려. 현암은 너무 감격하면서도 내용을 깊이 모르니 우선 내용을 말씀드려주십시오 하니 이 사찰은 내가 창건하여 우리 아들들은 시내에서 식당하며 살고 우리 부인은 서울에서 무당 생활을 합니다. 그러기에 여러 가지로 환경이 맞지 않아 별거생활을 하는 것입니다. 그러나 간염말기암 환자 그러기에 내 병이 악화되어 수술을 할까 합니다. 몇 차례 병원에 다녀왔으나 빨리 수술을 하라고 담당의사의 부탁이 있으나 이 사찰을 맡고 있기에 맡아 줄 스님이 없어 물색 중이다 현암스님을 만났습니다. 그리하여 내가 오늘 병원에 아들과 같이 다녀올테니 사찰을 잘 보살펴주십시오.

현암은 주지스님께 염려마시고 잘 다녀오시라고 하였다.

주지스님은 전화를 걸었다. 전화내용은 아들한테 연락하여 차를 가져오라고 하며 스님을 구하였으니 병원에 가 수속을 밟고 나서 수술할 것을 아들한테 전하는 내용이었다. 그로부터 한 시간 가량 후에 아들이 차를 가져와 주지스님을 모시고 가면서 스님 수고하여주십시오 당부하였다.

그날부터 현암은 용화사를 떠맡아 모든 일을 하게 된다. 그날은 주지스님이 오지 못한다는 전화가 왔다. 그 후 다음날 주지스님이 돌아오셔서 이달 말경에 입원한다고 하시며 그동안 사찰내용을 말씀해주시고 잠시라도 부처님의 인연이오니 내가 있는 곳이 내 것이요 이 사찰은 현암스님이 계신 동안에는 현암스님의 것이오니 별다른 생각은 갖지 마십시오 한다. 스님께서 불편한 것은 한두 가지가 아닐테니 원거리 가시려면 우리 아들한테 전화하시고 불공이 들면 우리 아들한테 연락하여 시장을 보시도록 하시고 돈이 필요할지 모르니 내가 좀 주고 갈 것입니다.

그로부터 말일이 다가왔다. 주지스님은 병원으로 가시면서 용돈과 전기요금, 전화요금은 아들한테 주라고 연락하면 됩니다. 그러시면서 삼십만 원을 내놓으시고 가셨다. 현암은 너무 감개무량하여 스님 이곳의 사정은 너무 걱정마십시오. 저는 수행자라 모든 인용을 법으로 알고 부처가 있으니 더욱 더 마음이 안정됩니다. 몸에 변고의 쾌완이 하루 빨리 있기를 기원드리겠습니다.

현암은 작별하고 찻길을 따라 사찰내로 돌아왔다. 그날부터 현암은 열심히 주지스님의 쾌완을 기도드리면서 하루 사분정근하여 한 달 이후 주지스님이 돌아오셨다. 그러나 스님은 별로 좋은 몸이 아니었고 쇠약한 데다 기가 없이 오직 지탱하는 것은 정신력이었다. 그로부터 이 년이 지나 현암은 이십사 세가 되었다. 때는 이른 봄이었다. 고향생각이 머리에서 떠나질 않았다. 그럴 무렵 아들이 하루는 스님께 이 사찰을 양도권을 내주고 아버님도 편히 사시다가 입적하시라고 그동안 열심히 보수 없이 이곳에 있는 스님도 어디로 보내고 그런 말을 하느냐고 걱정하는 말씀을 현암은 어렴풋이 듣고 더더구나 마음이 흔들리고 있었다. 그로부터 현암은 마음이 떠 있는 상황에서 주지스님 역시 마음을 잡지 못하고 있었으니 현암스님은 주지스님을 찾아 뵙고 스님 너무 염려마시고 저에 대한 염려는 추호에도 하지 마시고 우선 고향에 다녀올까 하니 여비 좀 주시면 감사하겠습니다. 주지스님은 현암스님의 눈치를 보며 공연히 스님의 처지에 마음을 건드렸나 싶었다. 우리 아들이 하는 말을 들으셨는지요. 고향에 부모님이 계신다 하니 당연히 다녀오셔야 하지요. 그러시면 언제 가려 합니까. 내일이라도 다녀올까 합니다. 그러시면 내일 다녀오시면 며칠이나 걸릴까요. 그야 빨리 서둘러 다녀올 것입니다.

현암은 여기서 이 년 팔 개월 동안 진실로 물질은 아무것도 탐하지 않고 열심히 정진하였다. 그러나 지금은 부모님을 뵙고 올 거란 마음에서 결정할 수 있었다.

다음날 주지스님은 일금 일백만 원권 수표를 주시고 이발을 하라고 봉투를 내놓고 현암에게 건네주었다. 현암은 겸손히 받아 합장을 하고 큰배례로 절을 하며 작별하고 서둘러 짐을 챙겨 사찰을 나섰다. 한편 기쁨도 있으나 사찰을 떠나려 하니 허전한 마음이 머리에 스쳤다. 언젠가는 이곳에 찾아올 때 몸이라도 의지하고 있으려고 왔다가 이제 밥주머니가 두텁게 되니 떠나려는 자신이 너무 비참한 것은 사실이나 우선 고향에 부모님과의 상면이라도 하고 계획을 다시 하자고 다짐하며 주지스님께 작별하고 산사를 내려왔다. 현암스님은 고향에 가려고 기차시간을 물어보고 버스를 타고 시간을 맞추어 수원에 도착 기차로 내려와 고향집에 들어서는데 아버지께서 앞뜰에 나와 계신 모습을 바라보며 현암은 다가섰다. 너무 야위었고 백발이 무성하여 울상하고 있으니 아버님 저입니다. 아버님은 글썽한 눈에서 오직 현암을 기다리고 있다는 모습이었다.

한번이라도 보고 죽기를 바랐더니 이제 왔구나 하시며 집안으로 들어선다. 그러나 집안을 스치는 냉기들은 그동안 우리 집안이 너무 빈안한 가정이 되어버리고 식사에도 구애가 있었구나 하는 것이 한눈에 들어온다.

현암도 다시 쓰러진 가정을 일으켜 보겠다고 다짐하며 우선 아버님한테 인사도 드리고 가지고 온 오백만 원 수표를 아버님한테 드리니 아버님이 이런 돈을 네 어찌 고생하면서 모았느냐 하시면서 눈물이 두 뺨에 흘렸다.

아버님 이젠 고생하지 마시고 우리도 남과 같이 잘살 수 있으니 불초 소생을 믿어주시옵소서. 현암은 그날부터 생기를 찾아 집안 구석구석을 치우고 방안에 우선 도배도 하고 식량도 준비하고 아버님 입에 맞는 찬도 준비하여 드리려고 봉투에서 차비하고 남은 돈 삼십만 원을 드렸다. 그리고 십 일 후 군산에 도착한 현암은 해망동선착장에서 배를 타고 장항으로 가서 서울로 올라가 북한산 보리사를 창건한다는 말을 아현동에 있을 때 들은 생각이 나 일단 현지로 가보기로 작정하고 상경하여 북한산 내력은 손바닥 보듯이 확신이 있기에 찾아갔다. 청수장 김사장님 댁에서 하루 묵고 보리사로 올라갔다. 김인수 씨를 처음 상면하고 합장하고 인사를 하니 스님은 어디 계신지요. 북한산 천연암 용화사, 원효암 상운사에 있었다고 하니 아~ 그러시며 스님을 찾아뵙기를 기다리고 있었으나 아무도 거처를 모른다고 하여 스님을 구하려고 합니다. 현재는 어디에 계신지요. 당분간 마음정리를 하기 위해 쉬고 있습니다. 그럼 정리되시면 우리 같이 수행하자고 애원한다. 스님이 북한산에서는 워낙 소문이 잘났다고 염불 잘하시고 〈법회〉설법 잘하시며 거기에다 방편도 하시고 풍수학, 지리학, 심리학에도 밝으시지요.

보리사 신도가 없으니 꼭 스님이 오셔서 보리사를 발전시켜주세요 하기에 약속하고 삼 일 후 오겠다고 말씀드리고 내려오면서 청수장 김 사장님을 뵙고 인사드리고 불광동 천 보살집으로 갈 것을 마음먹고 잠시 김 사장을 찾아갔다.

김 사장님이 가신 일은 잘되었는지요 묻기에 네, 제가 삼 일 후 주지로 오겠습니다. 잘되셨습니다. 그간 스님 소식을 몰라 그분들이 여러 차례 스님을 묻기에 만행을 하시는 스님이 지금은 어디에 있는지 모른다고 말했습니다. 이젠 잘되었습니다. 스님이 큰절로 발전시켜주세요. 미천한 소승이 노력은 하겠습니다. 잠시 있다 이런 저런 상담 후 불광동 천보살집에 갈까 하여 작별하고 삼 일 후 오겠습니다. 인사합장하고 청수장 식당집을 나와 걸어서 효자리에 주차장에서 버스를 타고 불광동에 찾아 천 보살님 댁에 갔다.

천 보살님이 나와 계시었다. 반갑게 현암을 맞이한다. 이런저런 고향 부모님 뵙고 온 이야기를 하고 저녁 먹고 윗방에서 잠자고 아침에 공양 후 천 보살님께 북한산 주지로 내일 갑니다. 천 보살님도 보리사에 나오세요. 그래야지 하시면서 친 모친같이 기뻐하시면서 보리사는 새 절이고 스님이 가면 신도도 많이 확보될거라 하시면서 기뻐하셨다. 천 보살님의 은혜도 갚아드려야지 마음에 깊이 간직하고 우선 목욕하고 삭발하고 필기도구와 설법자료집을 불교서점에서 구하여 절망 속에 넣고 천보살집에 와서 하루 유숙하고 아침 10시경 북한산 버스를 타고 보리사에 올라와서 김인수 처사님과 인사하고 주지 방을 깔끔히 정리하여 놓았기에 기분이 좋았다. 그날 사시불공을 정성껏 모시고 축원을 하고 있는데 김인수 처사 창건주님 옆에 엎드려 축원 소리를 듣고 있었다.

물론 김○○ 씨도 축원해드리고 국태민안 우순풍조 중앙정 보부 무사기원 발원재를 끝내고 사분정근 하고 108배를 모셨다. 점심공양하고 저녁에 예불하고 나서 잠시 하루 몽상에 들어 명상시간에 이 사찰에서 우선은 심리학론을 개설해야 하겠다고 생각하고 전단지를 북한산 입구 주차장에서 포교차원에 매월 1일에서 7일까지 신령기도, 심리교정, 무안기원법회를 매주 일요일은 인생상담,

가정문제, 직장, 취업, 건강, 명리추상학, 주역, 계명학, 풍수지리학 상담무료, 전단지를 뿌렸다. 삼 일 후 손님들은 주로 등산객이었다. 한 달, 두 달 손님이 하루 20, 30명씩 찾아와서 매우 분주했다. 포교가 잘 성행되기 시작하여 1년, 2년, 3년, 4년, 5년, 6년, 7년, 8년 … 이때 현암스님 나이 35세 10월 27일 날 보리사의 인연이 만료된 듯싶어 그만두게 된다. 그렇게 많은 신도를 확보했다는 대가로 퇴직금 (전장금) 조로 현금 50,000,000원 당좌 수표로 받고 매월 1,200,000원씩 전하고 갔기에 현암스님도 생활에 큰 도움이 시작되었다. 김인수 창건주처사님 몸이 아파서 더 이상 사찰을 경영할 수 없어 매매를 했기에 그만두었다. 8년 동안에 일어난 일들을 언급한다.

좋은 일도 많았으며, 통큰 일이 순간순간 일어나기도 했으나 관심 없이 넘겨주었다. 다시 고향집에 내려와서 부모님 말년에 편히 사시라고 집도 사주고 싶어 찾아왔다. 집도 사고 땅도 사고 일 년이란 세월 속에 부모님을 모시고 있다가 군산, 서울에 있을 때 알고 있는 사람이 청구 목재 과장님네 신세를 진 일이 있어 한번 찾아오라고 해서 군산에 갈까 해서 군산행 열차로 군산에 도착해 해방동 청구 목재를 찾아갔다가 외국에 나갔다고 직원이 전하기에 다시 나와서 선창가를 둘러보고 있는데 전기다리미를 가지고 장사하는 사람을 만나게 된다.

그 사람은 참으로 좋은 사람이었다.

호떡을 사서 먹고 있는데 그 역시 호떡을 사려고 접근하였다. 그로 인하여 서로 주고받은 말에 요사이 그런 장사를 하시면 잘되느냐고 묻는데 그 사람이 잘되면 이런 고생이 있나요. 죽지도 못하여 이리저리 이렇게 헤매고 있습니다. 그러던 중 노형 당신 상을 보니 부친이 없고 노모님에 처자까지 있으나 당신 형제간은 이형제 중 아우가 죽었군요. 현암이 말하니 그 노형이 참 스님 잘 보는데 제대로 보아주시오. 그럼 당신의 사주를 보아드리겠습니다. 현암은 줄줄이 나오는 말을 하였다. 모두 다 맞는 말씀이었다. 그러던 순간 호떡장사 아주머니께서 나도 좀 보아주시구려 하여 현암은 아버지와 계모님이 너무 고생한다는 것이 역겨워 이젠 어떤 일이라도 돈을 벌어서 행복한 가정을 갖출 것이라고 다짐하여 옳아, 이것이 나의 갈 길이라고 생각하고 거침없이 답변하여 보아주니 호떡장사 아주머니와 전기다리미 장사가 홀딱 반하여 현암을 따랐다. 그로 인하여 전기다리미 단골집을 방문하여 주인을 정하여 놓고 그러니까 김미애 모친 집에서 나날이 손님이 이틀에 닥치어 약간 돈을 벌어서 전기다리미 장사를 치워드리고 그만 부안으로 다리를 놓아 식당을 차려 살게 하고 현암은 떠난다. 벌어서 다시 군산에 와 미애 모친 집에서 다시 손님을 받고 있다가 하루는 현재 현암의 첫 동거인을 만나게 된다.

그로 인해 미애 모친이 중매를 선다. 현암은 부모님을 생각하여 일생을 바쳐 마음 편히 모시리라고 다짐하였기에 이런 괴오를 범하게 된다. 그리하여 현암은 배우자와 넘길 수 없는 선을 넘어선다. 그리하여 배우자와 같이 부모님한테 인사를 드리러갔다.

그러나 그런 상황에 우리 집은 너무 빈약한 사정이라도 결혼이라고 할 수 없고 또한 우리 처모님은 사회에 뒤떨어져 있으며 옹졸한 분이고 독선적인 분이라 계모님의 이상에 같이 적응할 수 없었으니 참으로 고달픔이 또 한 번 닥치는 순간이 아닌가 싶다. 그러나 이런 과오를 범하였으니 책임을 지고 현암의 뼈를 깎아서라도 이겨내면 한때에 결과는 있겠지 하면서 결혼이라기보다도 두 사람이 결합하여 고생의 시련을 일찍 체험하는데 우선 젊음이 있다는 것 외에는 아무 것도 가진 것 없이 두 젊은 청춘들은 너무 다정했다. 그런데 또 한 시련이 겹쳐왔다. 2세가 태어났다. 태어나기 전 현암 가정은 그런대로 오근자근한 생활을 했다. 독자분들께 하고 싶은 말은 현암 참신하게 살까 하여 장모님의 결혼비를 현금으로 받아 자전차를 구입, 우선 닥치는 대로 오일장을 찾아다니면서 닥치는 대로 사들여다 팔고 하여 수입이 그런대로 생활에 구애 없이 살아왔다.

그러나 2세 탄생을 오일 앞두고서 계모님이 가출을 하게 되니 누가 출산한 뒤치다꺼리를 할까 참으로 막연하였다. 그러나 이웃 노인의 주선으로 출산할 때 돕자며 산모 참도 주고 그날부터 일주일이 지나갔다. 넉넉지 못한 가정에 이웃노인도 계속 오시라고는 못하여 산모의 도움 없이 가정의 식사는 매우 난감한 처지에 있었다. 그러던 중 현암은 아버님을 내세워 계모님의 행방을 찾아보시라고 여쭤본다.

그래 내가 내일 서모님의 딸이 이리에 있으니 내가 한 번 갔다오마. 그날 아버님은 이리를 갔다오시니 그곳도 없다고 한다. 집안은 엉망진창이 되어갔다. 현암이 밥을 짓고 장에 갔다오면 너무 피곤하였다.

또 다른 장에 가려면 너무 피곤하지만 그렇다 하여 제대로 식사를 하는 것도 아니고 점심은 으레 건너뛰고 저녁은 집에 와서 먹자하니 적중한 식량에 노부님을 생각하여 현암은 너무 지쳐 있었으니 그런 날들이 반복되며 언간 백일이 다가와 외갓집에 가서 구원을 청하여 보려고 현암과 배우자는 군산을 내려간다. 그러나 그곳도 넉넉지 못하여 감히 말미를 내지 못하고 있으니 서로 딱한 처지에 있는 것을 현암도 알고 처갓집을 나선다. 장모님도 현암의 시선을 바라보며 딱한 표정이 지워지지 않는다. 현암과 배우자는 다시 집에 와 앞날을 생각하니 참으로 막막하였다. 그러나 현암을 따라나서 일평생을 이런 고생으로 살 것을 생각하니 현암은 죽고 싶었다. 그러던 중 수소문에 전주에서 보았다는 사람이 이웃마을에 살고 있어 아버님이 찾아가서 가자고 약속하고 왔다기에 꼭 모시고 오시오. 그래야 우리 집안이 되겠습니다.

그날 전주에 갔던 아버지께서는 혼자 오시기에 왜 혼자 오시나요 하니 아무 말씀 없이 아버님 방으로 들어가셨다.

현암은 아버님이 그래도 부부일신이 좋지 며느리가 아무리 잘하여도 서모님만은 못하다는 것이 분명하구나 하고 다시 물어본다.

그래 거기 앉거라. 너의 모친은 너희 둘이 있으면 들어오지 않을 것이다.

현암은 알고 있습니다. 저는 아버님 위하여 수행의 구도길도 저버리고 남과 같이 결혼하에 한 가정의 부모님 편히 모시고 살려고 결혼까지 했는데 이처럼 저의 마음을 모르니 참으로 답답합니다. 그렇다면 저희들이 나갈 것이오니 부디 아버지와 어머님이 편히 살 수 있으신지 좀 생각하여 보시구려. 노동력도 없이 이제 굶주려다 죽겠습니까. 죽어도 너희와는 같이 살 수 없으니 그럼 어떻게 하란 말이냐. 그동안도 살아왔다. 네 알겠습니다. 그럼 그렇게 해드리겠습니다. 하여 현암은 배우자를 설득하여 우선 처갓집에 당분간 있도록 하고 군산을 찾아간다.

그러나 다녀온 지 삼 일밖에 안되니 참으로 근심이 놓이지 않은 모양이오나 처모님과 장인은 내실이 없다. 그때 처남들은 어린 상황이었다.

배우자가 장녀였고 그때 나이 24세 때였다. 그로부터 3일이 지나 오전 11시경 처제 순희가 오후에 중학교를 다니느라 점심밥을 해 먹을 무렵이었다.

여기에서 현암은 수행이 부족하였다고 본다.

처제가 언니의 말에 토를 달고 너는 손이 없냐 하며 말해도 퉁명하며 시집을 가면 그만이지 무엇하러 우리 집에 와서 이것해라 저것해라 할까 가버려 너희 집에 가란 말이야!

그때 현암은 옆에서 처제 방금 한 말 다시 해봐. 못된 말을 하면 못쓰는데 이럴 수가 있어. 하니 당신이 뭔데 하고 대들어 할 수 없이 뺨을 때렸다. 그랬더니 울고 나가서 장인을 데리고 온다. 장인이 야 이년아 너 출가한 그곳에서 살지 무엇 때문에 이곳에 와서 재를 때려. 하면서 배우자를 이리 치고 저리 치며 마냥 표정이 상기된다. 그러던 순간 장인어른 세상에 이곳에 왔을 때 살러 온 것도 아니며 잠시 가정에 불화가 있을 때 왔는데 이럴 수가 있습니까. 그날부터 현암은 그 집에서 나와 이웃집 중매선 미애 집에서 있어 장인과 장모님이 없을 때 어떻게든지 방을 구하여 당신을 이곳에서 고생하지 않게 할 것이니 그리 알라고 위로하고 현암은 방을 찾아 나선다.

마침 방이 한 칸 있어 월세 삼만 원씩 주기로 하고 우선 장인집을 나선다. 그러나 우선 직업을 구하여야 한다는데 이곳저곳 방황하던 중 군산항 부둣가에서 하역작업하던 잡부를 만나게 된다.

현암은 그 잡부에게 일을 도와주면 얼마나 수입이 되느냐고 물어보니 잡부는 일당 만팔천 원이라고 하여 현암은 마음에서 결정하고 잡부한테 일자리를 구하여 줄 것을 당부하니 잡부가 아 저기 오는 사람이 책임자니 한번 부탁을 드려보시오.

현암은 앞으로 다가시며 정중히 인사드리고 나서 일을 할 수 없을까요 말을 건네니 그 사람이 아래위로 훑어보고 나서 당신 일꾼 같지 않은데 이런 일을 할 수 있소. 현암은 무슨 일이고 하겠습니다.

잠시 후 머뭇거리고 있는 현암을 바라보고 나서 당신 매우 딱한 사정이 있는 듯싶소. 그러니 내일부터 잡일복을 입고 나오시오. 현암은 네 그러겠다고 약속하고 다음날 배우자한테도 말하고 집을 나서 조식도 먹지 않고 작업장에 나와 대기하고 있으니 어제 그 사람이 오면서 아, 오셨소. 나를 따라오시오. 현암은 따라 배로 올라갔다. 배에 오르니 그 사람이 설명을 한다. 이 배가 노르웨이 선적인데 입황에서 짐을 내리고 크리닝작업을 하고 선해에 도색을 할테니 오늘부터 십오 일간 작업을 하는데 도와주시면 된다는 설명을 하고 망치와 해라로 부식된 페인트를 긁고 망치로 털어내는 작업이었다. 현암은 열심히 작업을 하고 있는데 잠시 후 이곳저곳에서 똑같은 작업이 진행되고 있었다. 그런데 젊고 우리부리한 체구의 우직한 청년이 다가와 당신 언제부터 이 배에 나왔소. 하며 퉁명스럽게 다그치듯 묻기에 현암은 왜 그러십니까! 하니 이 자식 좀 보게 너 이 자식아 누구 허락받고 나왔어 하며 주먹이 들어오는 순간 현암은 피하였다. 다음 이리 오란 말이여 하면서 현암을 다그쳐 몰아붙이며 발길 주먹길로 대항하니 현암도 쉽사리 당하고 있기에는 너무 순간적이라 배 갑판에서 치고받고 하다 보니 책임자가 뛰어와 그런 상황에서 진압을 시키고 왜 그러냐고 물어본다.

현암을 못마땅하게 여겨 대항한 사람이 이 자식이 말답변도 없이 대들기에 그랬다고 어처구니없이 거짓말로 꾸며대기에 현암은 아닙니다. 사실대로 말을 하니 책임자는 그만두시고 일을 하라고 하며 내가 데려온 사람이니 더 이상 거론하지 말라고 한다.

그날부터 현암은 열심히 작업을 하여 감독관한테 좋은 평이 나왔다. 그런대로 견딜 수 있었으나 어느덧 일주일이 지나 팔 일째 되던 날 현암에게 부당한 직무가 닥쳤다. 감독관의 총명에서 현암은 반장이란 직책이 내려졌다. 그러나 벽이 많았다. 구 일째 되는 날 작업이 끝나고 돌아가는 도중 최초에 말을 걸어온 우리부리한 젊은 패거리가 현암을 기다리고 있었다.

현암은 두렵지도 않고 무심코 걸어갔다. 그때 하마라고 하는 상대자가 시비를 걸어온다. 현암은 당신 참으로 무례한 사람이라고 하자 이 자식 하면서 주먹과 발길이 현암을 향하여 내려치며 차올리니 얼떨결에 당하고 나동그라져 땅바닥에 뒹굴었다.

순간 현암이 갈고 닦은 수행정신력이라 바로 일어서며 곱발치기로 걷어차며 옆에 있는 두 명의 괴한들을 이단옆차기로 보기 좋게 넘어뜨리고 하마를 바로 움켜쥐며 호신술 메치기로 넘어뜨리고 순간 도망갔다.

현암은 그날 밤 마음이 괴롭고 다음날 처리문제를 생각하다 처음으로 술을 들어본다. 그러나 더욱 시련이 쌓인다. 그날로 새롭게 삶이 터득된다. 강인한 자에게 승리가 있다는 결론을 굳히고 작업장에 나간다. 현암은 작업반장이란 직책이라 우선 인부점검이 시작되고 있을 무렵 하마가 다가서며 형 사과합니다. 어제의 일은 상호 없었던 것으로 묻어버리자고 한다. 그래 있다 나하고 만나자 하며 미뤄놓고 점검이 시작되어 각 부서의 작업분야를 배치시키고 나서 감독관이 현암을 찾아 현암은 뛰어갔다. 반장 오늘 회식을 어디서 할까 의논하네 빈해원에서 하자고 하니 그래 그게 좋겠구먼 하면서 우리 회사가 좋아지는 것 같다고 했다.

현암은 얼마 되지 않은 일자지만 작업과정이 매우 높고 질서가 잡히어가는 듯싶어 현암이 급성장한 데 앙금이 더욱 더 커지기 시작하였다. 그 원인은 페인트가 절약되고 훔쳐내는 과정을 차단하는 데서 적이 못마땅하였기에 현암을 해치려는 사람이 많았다. 그날 밤 현암은 저녁식사 후 감독님과 사장, 부장, 과장님과 카네기홀에 간다. 그날 밤은 매우 기분이 좋았으나 현암도 한잔, 두잔 마시다 보니 무리한 음식이라 몸이 죽어만 갔다. 감독이 다가와 현암 이제 그만 돌아가자고 하여 그래요 그게 좋겠군요.

현암과 사장, 부장, 과장, 감독을 보내고 현암이 터벅터벅 걸어오는데 앞에서 정체 미상의 몇 사람이 앞을 가로막고 서 있었다. 거기 누구야 현암은 소리쳐 묻는다.

순간 야, 이 자식 하면서 달려 들어온다. 순간 현암은 옆으로 피하고 저리 피하고 하다보니 현암도 취해서 몸이 굳은 상태라 참으로 견디기가 곤욕이 따르니 순간 어쩔 수 없이 당하고 있었다. 순간 방범순찰대가 달려와 싸움을 제지하며 괴한들은 도망가버리고 현암은 방범대에 부축하여 택시로 집에 돌아왔다. 순간 비참한 생활을 청산하여야 하겠다는 과오에서 현암이 마음을 굳히고 그날 밤 잠을 이루기가 어려워 다시 술을 청하여 소주 한 병을 다 마시고 떨어져 잠을 깨어보니 아침 8시를 가리키고 있었다. 현암은 몸을 일으키며 물을 한 그릇 먹고 정신을 차려 세수하고 일과를 차리려고 한다. 그러나 머리에 어젯밤 일들이 스친다. 그러므로 전화박스에 다가가서 전화를 걸어 회사에 연락을 취하려 했으나 통화 중이었다. 잠시 동안 먼 하늘을 바라보며 현암은 오늘도 저 하늘은 그곳에 있고 나 현암은 어제의 일과 오늘의 일은 일정치 않으니 이것이 현암의 삶이라 할까 참으로 엉터리 삶이라고 한다. 아니 내가 지금 무엇을 하려고 이곳에 있어 다시 전화박스에 동전을 넣는다. 다이얼을 돌린다. 잠시 후 감독님이 수화기를 든다. 네, 여기는 스테스마루회사입니다. 아, 저 현암입니다. 감독님이 빨리 나와야지 왜 무슨 일 있나 반문한다. 네. 현암은 회사를 그만 나갈까 합니다. 여러 가지로 감당하기 어렵고 또한 수행자는 역시 수행을 하여야하기에 그만 떠날 것을 말씀드리려고 합니다. 상대방 감독은 그게 무슨 소리야 보수가 적으면 더 줄 테니 나하고 만나서 얘기하자고 한다. 현암은 갈 곳이 있으니 죄송합니다. 순간 동전이 필요한 시간이라서 동전을 주입하며 기다려 주시오 네, 다시 말씀드립니다. 현암은 그동안 감독님의 배려에 잘 지내고 많은 신세에

덕을 입었습니다. 그럼 몸 건강하시고 인연이 있으면 다시 만날 날이 있겠지요 하며 현암은 수화기를 놓고 돌아서 다시 하늘을 바라보며 저 하늘에 이리저리 밀려다니는 구름도 나와 같이 변화 속에 정체가 있지 않구나.

가자. 현암은 그날부로 사회생활을 청산하고 서울로 돌아와 북한산 원효봉 중턱의 토굴 속에서 다시 수행을 정진하여 백일을 지내는데 여기서 다시 수행하기는 참으로 고통이 많았다. 우선 사회생활을 몇 달 하고 난 현암이라서 배우자와의 관계 이런저런 인연들이 머리를 흔들어놓고 있기에 그러나 현암은 초근목피로부터 다시 시작한다. 그러나 참으로 수행이 되지 않는다. 그래도 결심하여 수행이 나의 생명이라고 하고 싶다. 그런대로 한 달을 넘기고 두 달을 넘기고 석달이 되어 토굴 앞에 파릇파릇한 원추리 잎이 나고 있었으니 현암은 그 풀잎으로 도식을 달래는 음식이 되었다. 그럴 무렵 나에게 스치는 것이 있었다. 구도의 길은 오직 이런 것이 아니라 인간 삶이 무한의 고통이 성과 될 때 그 고통이 새롭게 삶을 구상하는 데에서 필연적 대상을 삶 그렇다. 이러고 있을 때가 아니다. 현암은 다시 세간에 들어와 고향을 찾는다. 고향에 정착하려는 것은 퇴색된 민심과 황폐해지는 농촌의 삶이 그리웠을까. 현암은 본래의 삶에서 본질적의 현상을 체험하려는 데서 고향을 찾아왔던 것이다. 현암은 고향에 돌아온 후 육 개월을 지내는 동안 다시 운명에서 바꿀 수 없는 현실이 닥쳐왔다. 그는 건강상 너무 쇠약한 몸이라고 생각할 수 있으나 생각과는 건강이 악화되었다. 하루하루가 병세는 악화되어 좀 다른 약을 먹었으나 차도는 없고 식음을 전폐하고 그 사경에서 헤어나지 못하였다. 현암은 병원 진단과 병명은 폐암이란 진단을 내렸을 적 현실이 누가 생각해도 그럴 수밖에 없이 토혈이 심하였다. 현암은 토혈이 너무 심했으며 먹지 못하고 누워있지 못하고 앉아서 밤을 지새워야 했다. 그런 병세를 회복한다는 것은 만에 일이라고 사람들이 한결같이 평하여 현암은 죽음을 앞에두고 하루하루 기다리고 있는데 배우자의 수소문 끝에 동산촌 여의리에 수동이할머니라는(보살) 강림굿무당의 신통한 영험이 있다고 해서 배우자가 찾아간다. 배우자는 강림굿에 동조하여 현암의 조상이 침책하여 강림굿을 하면 쾌히 병을 퇴치할 수 있다는 말에서 현암의 병과 너무나 별개라고 생각을 할 수 있으니 환자는 그런 것을 괘념치 않고 우선 희망을 걸고 굿판을 시작한다. 그러나 굿판 강림굿을 하려면 재정과 모든 것은 충분한 보수가 없었으나 강림굿의 주자 시동이 할머니께서 젊은 사람이 죽어서야 되겠는가 하시며 간소하게 차림도 하고 보수도 걱정 말라고 하면서 굿판을 벌이는데 그날 밤 강림굿을 조왕앞 부엌 여기서부터 이상한 일이 일어났다. 그동안 밥 냄새만 나면 토혈과 기침이 났는데 그날은 그런 일이 없었으니 참으로 이상하였다. 한 시간 후 방에 들어와서 성주굿과 조상굿을 하는데 현암한테 강림굿을 할려면 신대를 잡기를 권한다. 그러나 몇 개월 동안 먹지 못한 데 기력도 없는 상태라 감히 신대를 잡고 강림굿을 할 수 없는 상황이었지만 신기한 일이 일어났다. 현암은 몸에 더운 열이 나고 눈빛이 광채가 있고 온몸이 하늘로 솟구쳐 순간 현암은 일어서려고 하나 기력이 워낙 없어 실패한다.

잠시 후 경사는 강림신을 다시 청하여 현암에게 시도한다. 그 후 현암은 순간 자리를 떠나 일어설 수 있어 그 순간은 아무것도 생각할 수 없이 뛰기 시작하여 한 시간 두 시간이 지난 듯싶었으나 현암의 손에서 신대가 정지되지 않고 당산으로 마당으로 휩쓸고 다니면서 마치 미친 사람과 다를 것 없이 날뛰며 입에서 불을 토하듯이 가쁜 숨을 몰아쉬며 뛰고나서 현암은 하늘을 바라보며 지껄인다.

(당시) 천상문답을 받았다고 한다. 내용은 아 옥황상재다. 칠월성군이다. 글문도사, 말문도사, 산신도사, 강림하여 내 자손 살려주마 하면서 고래고래 소리를 친다. 과연 누가 이럴 수 있나 현암은 아무런 생각 없이 지껄인다. 잠시 후 현암의 부친이 엎드려 사죄한다. 이 늙은 놈이 너무 죄가 많으니 날 데려가라고 하며 통곡했다. 그때 현암은 부친을 신대로 후려치며 당신이 무정하오. 나를 찾아 일찍이 한을 풀어주었다면 우리 자손이 이 지경이 되지 않았을 텐데 죽음에 도달하게 됐으니 이제 불러 살려주길 바란다니 난들 어찌 도와줄까 하며 현암 부친을 붙들고 통곡하는 순간 주변사람들도 모두 눈물을 훔치고 분위기가 살벌하고 측은한 장면이 진

행된다. 필자 그 당시 부친을 호령하며 살벌한 굿판이 진행되어 보고 있던 관중등리 사람들이 너나없이 측은한 표정으로 현암을 바라본다. 저 사람 저럴 수가 있나 참 사람이 살다보면 이해하기 어려운 일들이 있다고 너나없이 입에서 한마디씩하며 옆집에서 윗집에서 동리아주머니 너나 할 것 없이 쌀과 초를 갖다놓고 현암을 위로한다.

그로부터 하룻밤이 지나 다음날 정오에 강림굿을 벌였으나 현암은 과연 병이 회복되었다. 참으로 신기한 일이다. 그렇게 기침과 토혈도 멈추고 식사도 조금씩 하게 됐다.

여기서 강림신의 주자로 등장한 수동할머님의 지시에 현암은 그날부터 집안에다 강림굿당을 모시고 새롭게 생명이 탄생된다.

현암은 그 후 전국 방방곡곡에서 소문을 듣고 모여드는 사람들을 얼굴만 보아도 그 사람의 운세를 알아내고 사주팔자를 일러낸다.

현암도 자신은 없다. 그러나 무슨 일인고 가히 사람으로선 예측하기 어려운데도 척척 일러냈다. 당시 익산군 춘포면 석암리 유씨집 소도 찾아준 일이 있다. 또한 묘에 광중살이 있어 자손이 정신병이 있는데 묘를 파 옮겨주어 그 환자도 나았고 이서면 유완구씨 부인도 암이라는 병에서 죽을 사경에 처 있는데 현암이 살려내었다.

현암은 날로 소문이 널리 퍼져 서울, 부산 방방곡곡에 전달되었다. 그러므로 생활도 윤택하여지고 삶에 기틀이 잡히었다. 그러나 현암은 그 뜻이 아니고 우선 머물고 있는 정체인 것이다. 그런 생활이 삼 년, 사 년, 오 년, 육 년이 지나 현암은 이것이 나에게 주어진 숙명적인 직업. 그렇다. 직업은 버릴 수 있었다.

선택이 중요하기에 순간 현암은 강림단 앞에서 선택한다. 이 세상 인간들은 자기 자신의 선택이 중요한 것이다라고 말하고 싶다. 즉 믿음은 고락을 결집하여 정립할 때 불행과 행복이 추구될뿐더러 그 아무것도 존재할 수 없다. 즉 신이 있다 한들 상대성에서 성립하지 않으면 무의미한 관계로 돌아간다. 모든 것은 마음에서 의지 할 때 그 결집된 결과는 성립되기 때문이라고 밝힐 수 있다.

그로부터 현암은 다시 수행의 길을 떠나 자신의 수행은 내면적 응시가 진리에서 정의롭게 단결된 삶이 인간人間의 본래 성性이라고 본다. 그렇다 그렇기에 불교佛敎를 선택하였을지 모른다. 수행修行은 인간정신人間精身을 다지기 위한 것이기에 그로부터 현암은 1983년 한국불교태고종 전북 종무원 교구사 보문사를 찾아간다. 보문사普門寺 스님 설암대종사님의 주선으로 입문하여 대승불교大僧佛敎에 참뜻을 깨우쳐 중생衆生들과 같이 고락을 하며 불교교리佛敎敎理를 전파하려는데 불철주야로 독송하여 1984년 동방대학표교학과에 입문하여 졸업 후 성만취득 군산 칠성사 안거, 전주 동덕사 창건. 창건 당시 많은 벽이 도사리고 있었으나 현암은 수행정신적으로 지탱하였다.

현암의 법명은 대한불교 조계종단 비구승이었고 결혼 후 전통대승불교태고종에 설암대종사님의 은사 신벽산대종사님의 법사로 전향하였다. 그래서 여기서부터는 진각으로 법명을 이수했다.

인간은 절대적 무한한 존재가 없다.

진각 필자는 진실을 밝혀주고 싶다.

여기에서 수행자의 고통은 무엇보다도 연기와 인연이 참으로 고통스럽다.

그러니까 인연, 남과 여 다시 말하여 陽과 陰 모든 것은 연기에서 인연으로 잉태되어 삶이 있고 삶이 존재되면서 탐욕, 치욕, 투심이 따라 우리 삶에 그림자처럼 따라다닌다.

그 어느 누구도 이런 소리는 보편적이니 그걸 치우치기 위함이 구도수행자라 본다. 그러나 진각도 인간이라 살아있는 동안 이것이 탐진치 삼독번뇌가 아닌가. 시간적 공간 속에서 참회하며 나의 본래 상을 찾아본즉 마음뿐 마음은 한가닥 뜬구름 같고 마음은 소나기 내린 날 무지개와 같은 것. 삶이 존재된 순간에 인연과 업도 있으나 그 과업은 미래의 삶을 잉태시키려는 데 있다고 보며 인간이 인류를 창출하려면 자작자수에 구애됨이 없이 삶의 참 진리를 찾아야 한다. 우선 진각은 연기와 인연에서 수없이 유혹하는 연분이 있었으나 단호히 뿌리치고 어려운 생활에서 굴하지 않았다. 연분에 도취하여 물질에서 구속된 연기와 연분을 생각해보자. 진각이 수행길에서도 많은 유혹이 따랐으나 괘념치 않았다. 그런 순간

들을 다시 실토한다면 현 동덕사 창건 당시 시주를 하겠다고 전화가 걸려왔다.

시간은 밤 9시경 전화내용은 지금 나오시면 시주를 할테니 좀 만나자는 전화였다. 그러나 진각은 그 사람의 진실은 시주에 있다는 것이 아니라 당시 그 시주자는 독신주의고 제법 물질도 여유가 있었던 여인이었기에 진각의 불연기에 합류하였다면 다소 도움이 되었을 것이나 진각은 그런 연기의 분은 더더구나 사양하였다.

그러나 진각은 이런 방법을 주장한다면 불사도 순조롭겠으나 전혀 관심이 없어 정의롭게 불사를 진행하여 십 개월 만에 현 동덕사를 이룩하였다. 진각은 사찰은 준공됐으나 신도를 확보하는 데 여러 가지가 부족하였다. 그로부터 진각에게 다시 시련이 닥쳐온다. 그러나 좌절하지 않고 월례 법회를 시작하였다. 월례법회에 참석

한 신도는 불과 7명이 동참하였다. 참으로 불법을 이해하는 데 진각 자신도 막막한 사고방식이란 점을 이해하기 어려웠다.

무지의 뜻이 허공을 가르며 이렇게 소멸될까. 죽고 싶었으나 다시 하늘을 바라볼 때 어느 때와 같이 하늘은 진각을 반겨주고 변함없이 맑고 푸르기만 하였다. 저 하늘에도 변화를 일으키면 온 누리에 생명이 숨 쉬고 있는데 진각의 진리를 모를리 없겠지 믿고 다짐한다.

다시 시작 하여 일 년 동안 신도수도 확보가 되어 불법을 깨우치는 집념은 더욱 더 좋아진다. 그런 집념은 진각의 목표에 도달하지 못하였으나 사십여 명의 진실한 신도님은 월초 삼일에 불법수행에 정진하며 진각을 돕고 있다. 그러나 진각에게 또 시련의 불씨가 내려진다. 1989년 8월 11일 신도 영란의 모친 최종순 씨에게 아침 8시경 전화가 걸려왔다. 진각은 전화기 앞으로 가 수화기를 들고 여보세요. 예, 영란이 엄마에요. 네, 어찌 그러시나요. 오빠가 고창에서 사고가 났다고 스님이 오셔서 도와달라며 도움을 청하는 내용이었다.

저 같은 미천한 소승이 어떤 일을 먼저 할까 우선 진각은 목탁과 요령을 챙기어 걸망에 넣고 가사장삼을 입고 고창에 내려간다. 고창병원에 도착 영안실에 안치된 영혼 앞에서 독송하여 두 시간 가량이 지났는지 해는 지고 어둠이 창밖에 깔려 들어온다. 진각은 이런 정도로 조문하고 사찰로 돌아올 것을 마음에 다짐하고 영안실을 나왔다. 영란 아빠, 처남들도 안면이 많았기에 인사의 순서를 차려 합장배를 하고 병원을 나오려 할 때 안성집 주인이라는 분이 따라오면서 스님 스님 부른다. 진각이 뒤돌아보자 네~ 아저씨군요. 수고가 많으십니다. 아니지요. 스님이 수고하셨습니다. 스님 저의 말씀을 좀 들어주십시오. 무슨 부탁입니까. 스님 영안실에 있는 영혼은 오늘 채석장에서 사고로 죽었습니다. 지금 아무런 대책도 없고 우리 집이나 처남집이나 누가 나서 이 사건을 추스를 수 없으니 스님께서 좀 봐주십시오. 진각은 나 역시 그런 일에 참고될 만한 능력이 없습니다. 스님은 발이 넓고 하여 아는 사람도 많으니 좀 도와주시길 바랍니다.

앞서 말한 안성집은 여인숙 그러니까 윤락가에서 여인숙을 하는 안수길 씨였다. 평소 진각을 극진히 대하였기에 별로 두려움이 없이 보편적으로 진각도 예, 하였다. 그러므로 진각스님한테 이런 문제점을 상의하는 듯싶어 나는 그런 처리 문제는 개입하지 않으니 내가 잘 아는 사람한테 문의할 것이오니 그리 알고 수고가 많겠습니다. 하고 작별하고 진각은 돌아왔다. 그날 저녁 자정 무렵 또 전화가 걸려온다. 네 누구신지요. 안수길 씨가 답한다. 저예요 스님. 아까 말씀드린 것은 어찌됐나요?

아, 아직 알아보지 못하였습니다. 내일 아침에 알아볼 것입니다. 좀 수고하시더라도 알아봐 주십시오. 전화는 끊어진다. 진각은 그날 아침도 관심이 없어 알아보지 않았다. 그런데 또다시 전화가 걸려온다. 내용은 종전과 같이 부탁하는 내용의 전화다. 진각은 얼마나 어려운 일이기에 나같은 사람한테 이런 부탁을 하는가 하여 진각은 평소 잘 다니는 자동차 카센타에 연락을 청하여 본다.

누구신가요. 네 동덕사스님 진각입니다. 아 웬일이십니까. 다름이 아니라 사람이 작업장에서 일을 하다가 사고가 나 죽었다는데 회사에서 합의를 보지 않고 있다는데 어떤 방법이 있을까요. 물었더니 스님 그런 일을 참견하면 구설이 많으니 되도록 집안사람이 아니면 그만두시고 모른 척하십시오. 진각은 그것이 좋겠군요 하고 전화를 끊고 괘념치 않기로 결정한다. 그날 10시경 다시 전화가 왔다. 영란이 아빠란 분이 전화를 한다. 진각이 받았다. 네, 누구신지요. 네, 영란이 아버지요 스님. 저를 봐서 스님이 사건을 해결하여 주십시오. 회사 주인이 불교를 믿고 있으니 스님의 말씀을 따를 것 같습니다. 아, 그러십니까. 진각은 옛 친구 정란을 불러 상의하였으나 정란 역시 별로 관심이 없었다. 그러나 진각이 제삼 부탁이다. 일차 너의 고향이며 너는 피해자의 신분이나 가족들을 잘 모르지만 우리 절에 나오는 영란이네 오빠이니 날보고 일차 내려가 보자고 진각이 부탁하자 정란이란 친구는 그러면 가자 하였다.

진각과 정란은 고창에 도착하여 정란이 병원원장실로 들어가고 진각은 유족들에게 가 인사를 드렸다. 잠시 후 정란이 돌아와 진각을 부르면서 그냥 가자고 한다. 진각은 왜 그러냐 물어본즉 병원원장님 말씀이 쉽사리 해결되지 않겠다는 말을 하더라. 그런 말이 웬 말이야. 꽤 물었다. 정란은 이미 손을 대고 해결할 사람을 잡고 있다면서 정란한테 일러주더라. 진각도 마음이 불쾌하다. 그런가 라고 하면서 유족들한테 말하고 나오니 안수길 씨가 따라오면서 스님, 선생님 왜 그냥 가십니까 하니 정란이 화를 내며 이 사람들이 누굴 어떻게 보고 장난을 하려고 하냐 한다. 진각은 옆에 서 있다.

사람 속을 알 수 없다더니 이런 일을 보면 알 수 있구만. 안수길 씨가 스님 절대 그런 일이 없고 미망인 친구가 아는 신문기자를 오라고 하여 왔다 간 것은 있으나 우리 유족에서 일을 처리해 줄 것을 부탁드린 일이 없다고 하며 오해이오니 좀 도와주십시오 목메여 달려든다. 정란이 나를 바라보며 참 어떻게 하는 일이 복잡하다고 그냥 상경하자고 한다. 그게 좋겠다 싶어 진각도 그만둡시다. 안수길 씨가 손을 잡고 달려들며 애원한다. 그때 정란이 다시 그럼 당신들이 상의 하에 나한테 위임하여 주시오. 하면서 우린 다방에 가 있을 것이니 그리 아시오. 하면서 진각을 툭 치며 가자고 한다. 진각도 다방에 왔다.

잠시 후 안수길 씨가 왔다.

스님 위임장을 쓸 수 없고 못믿을 자리가 아니기에 스님을 오시라고 하였고 장례준비도 하며 제도 지내려고 하니 수고하여 주시길 바란다는 간곡한 부탁입니다. 그러면서 정란한테 선생님은 저희를 잘 모르시지만 저희들은 무식하여 법도 모르고 살지만 양심은 있습니다.

정란도 의협심이 있는 친구라 스님의 부탁을 받고 고향땅에 이런 일을 하러 왔지 그런 일을 하면 욕설이 많다고 한다. 안수길 씨는 그렇군요. 그러나 불쌍한 사람이오니 도와주시오. 정란도 역시 독한 마음이 아니었기에 전화를 걸어 가해자의 신분을 물어본다. 답변이 있는 듯 싶다. 전화는 끝나고 진각이 물어보자 정란의 답변이 내가 아는 후배인데 좀 어렵게 되겠다. 그럼 그만두고 가자고 한다. 정란이 진각을 바라본다. 다시 정란이 얼마나 받아내야 합의가 되는지 물어볼 것을 진각한테 물어본다. 진각이 안수길을 불러 얼마의 보상을 바라느냐고 물어보니 우리는 모르나 다른 사람들 말을 들어본즉 삼천만 원 내지 사천만 원을 받는다는데 어떻게 해야 하는지 모른다고 한다. 정란이 잠시 후 그곳에서 자리를 떠 경찰서에 가겠다고 하며 진각과 안수길 씨를 다방에 놓고 나간다. 삼십 분쯤 됐을 때 정란이 들어왔다. 그러나 좋은 결과가 없는 듯싶었다. 그날 해는 지고 정란과 진각의 여관을 잡아주며 일을 처리하여 줄 것을 부탁드리고 안수길은 병원으로 간다. 진각은 잠이 오지 않고 무척 불안한 밤이었다. 그러나 정란은 저녁식사 때 소주를 한 병을 먹었으니 취중에 잠을 잘 자고 있었다. 영안실 쪽으로 발길이 앞서 그곳에서 미망인 가족들이 무슨 상의를 하고 있으니 내용은 너무 작은 돈이 나오면 합의를 하지 말자는 등 여러 말이 오고 간다.

진각은 유족들이 있은 곳에 다가섰다. 미망인이 스님 하고 말을 걸어 진각은 너무 고통이 많습니다. 모든 것을 운명적으로 돌이켜 보셔요. 위로의 말을 전하면서 법이 있는 한 법대로 처리하여 되도록 좋은 방안이 생겨날 것이며 우선 망자영혼을 위하여 너무 금전에 관한 말씀은 하지 않는 것이 미망인의 처신이라 생각되오니 내일 아침에 정란과 같이 가해자와 유족대표와 결정하여 보시오. 진각은 말머리를 끝내고 차에서 잠을 잘까 하여 잠시 차에 들어가 눈을 감고 참을 청하는데 저 멀리에서 들여오는 스피커 소리는 고창시내에 서커스가 들어와서 그곳에서 들리는 노랫소리였다. 그러나 관심이 없어 잠시 후 잠이 들었다.

얼마 후 잠을 깨어보니 새벽 4시를 가리키고 있다. 진각은 쌀쌀한 기후라 더 이상 잠이 오지 않았다. 그렇기에 정란이 있는 여관에 찾아갔다. 정란이 자고 있었다.

진각이 방에 들어가 위쪽에 자리를 잡고 누웠다. 정란이 잠이 깨어 진각한테 어딜 다녀오냐고 묻는다. 유족들을 만나 이런저런 이야기를 하였다 그런데 미망인이 너무나 많은 보상을 바라는 것 같다. 그래 그럼 아침 일찍 돌아가자. 정란의 말이었다. 진각도 그렇게 하자고 결론을 짓고 잠시 눈을 붙여 잠을 자고 7시경 깼을 때에 세면을 하고 여관을 나설 무렵 안길수 씨가 유족대표로 찾아와 아침식사를 하자고 한다. 정란이 진각을 바라보며 그냥 가자고 한다. 그때 안길수 씨가 가신다니 무슨 말이오. 저희 일을 보아주시지 않고. 펄쩍 뛸 듯 접근하며 한사코 목을 맨다.

추석날인데 장례는 치러야 하지 않겠습니까. 정란한테 애원한다. 정란은, 내가 무슨 상관이오? 가해자의 친척도 아니며 아무 관계가 없는데. 사건 쁘로가 같이 이게 무슨 꼴이오. 진각은 그만 가자고 우리도 선영을 모시려면 집에 가야 하지 않겠나. 그러나 우리 일로 왔다 그냥 보내기도 민망하니 아침식사라도 하자고 한다.

그럼 그러자고 하면서 정란은 식당 문을 열고 들어섰다. 그러나 진각은 아침식사가 먹고 싶지 않아 거절하니 안수길 씨가 스님은 고기를 먹지 못하니 된장찌개하고 잡수시지요. 주인한테 주문을 한다. 그럼에도 뿌리칠 수 없어 진각은 앉아 있자니 잠시 후 메뉴가 차려나왔다. 아침식사가 시작되었다. 정란은 반주에 소주를 청하여 들고 진각은 된장에다 밥 한 술 떠먹고 수저를 그만 놓고 잠시 후 식당을 나와 다방으로 와서 차를 마시고 있자 하니 정란이 전화를 걸어 어디인지는 모르나 내용이 어제의 합의 문제일인 듯 싶다. 정란이 전화를 받고 안수길 씨에게 하는 말이 지금 걸려온 전화가 가해자 신 씨라고 한다. 그러니 어떻게 합의를 할까 하는 말을 건네니 안수길은 우린 모르고 정 선생님이 알아서 합의를 빨리 하여 내일 추석 전이니 나도 집에 가야 하고 때가 때인 만큼 이렇게 시일을 보내기가 죽겠습니다.

정란이 그럼 내가 만나볼 것이오니 이곳에 계시라고 한다.

잠시 후 정란이 다방으로 전화가 왔는데 진각이 받았다. 진각에게 그분을 모시고 진흥주유소로 오라고 한다. 안수길과 진각은 진흥주유소를 물어 찾아갔다. 주유소 소장이 신 씨 가해자의 친척도 아니며 다만 소장아들과 동창이며 친구라 해서 신 씨 가해자가 부탁을 드린 것 같아 보였다.

소장과 협상 타협의 오고가는 말에는 산재처리를 하였으니 피해자가 산재보험금을 받도록 하고 보상금과 장례비, 위로금을 가지고 오고가는 말이었다. 원인즉 보상금을 넉넉히 드리지 못한다는 내용이며 이런 문제를 충분치 못한 형편이라 신 씨가 오지 못하고 나한테 위임한 것이라고 해명한다. 소장의 말은 병원비 부담, 장례비, 보상은 이천만 원을 줄 것 같다고 말한다. 그러나 이 돈도 내 자식의 친구이기에 내가 이 어려운 시기에 빌려주는 것이라고 한다.

진각은 아, 이런 낭패가 또 있나. 아무런 능력도 없이 재력도 없이 복잡한 사람한테 일을 당하게 하였구나 싶었다. 그로부터 오후 3시 50분경 타협이 이루어져 합의서류를 갖추고 영구차에 시신을 싣고 병원을 나선다. 진각은 따분하여 내가 가다 술을 받아 줄 것이니 그냥 가자고 한다. 정란이 이 사람 보게 내일 모레가 추석인데 이런 일을 하고 나서 이렇게 그냥 보내는 사람이 어디 있나 그러다 진각은 또 한 번 복장이 찢어지는 듯싶다. 그는 참 냉정하고 원망스럽다.

사람이 변하여도 이렇게 변할 수가 있나 싶다. 그런 순간 안수길 씨가 뛰어온다. 스님 가시렵니까. 네, 가야지요. 갈 길도 먼데 사찰을 너무 오래 비워 왔으니 갈까 합니다. 죄송합니다. 스님 괜히 오셔서 잠도 자지 못하시고 먹는 것도 변변치 못하여 참 죄송합니다. 스님 수고비를 어떻게 하여야 합니까.

난 생각지 마시고 정란을 가리키며 저분이나 다소 생각하시오. 네. 알겠습니다. 하고 안수길 씨가 뛰어가서 미망인한테 무슨 말을 하는지 모르나 잠시 후 진각에게 달려와 스님 죄송하오나 저희들이 성의껏 준비하였으니 받아주십시오. 하면서 호주머니 속에 넣고 간다. 진각은 거절하려 안수길 씨를 불렀으나 안수길 씨는 들은 체도 않고 그냥 간다.

옆에 타고 있던 정란 친구가 가자고 재촉한다. 주유소 소장도 잘 아는 사람이니 인사라도 하고 가자고 한다.

진각은 그러자고 그곳에 갈 것을 승낙하여 주유소에 도착하여 주유소소장을 만나본다. 주유소 소장은 진각과 정란을 보는 순간 다 정란과 스님의 주선으로 신속히 합의 됐다는데 고마움을 금할 길 없으며 내 자식 친구 신 사장이 너무 빈약한 사업을 하고 참으로 어려운 사업에서 이런 사고가 났으니 어쩔 수 없이 내가 처리하지 않았으면 이번 사건은 법대로 처리하여야 피해자는 큰 피해를 입을 텐데 정란 자네가 와서 어쩔 수 없이 내가 신 사장을 도와주고 있는 턱에 별 수 없이 내가 좀 더 도와준 것이라고 한다.

정란 네, 잘 알있습니나. 소상은 스님 수고 많았습니다. 진각은 별말씀입니다. 진각과 정란은 차에 타고 작별한다. 그런 순간 연료미터를 보니 연료가 전주까지 들어오기는 좀 모자라서 진각은 연료를 정란한테 부탁하여 연료탱크를 열어 주입을 청한다. 직원이 달려와 연료 일만 원어치를 주입하고 진각은 돈을 건네준다.

정란이 진각한테 왜 네 돈을 쓰느냐고 묻는다. 진각은 이것은 수표니 쓸 수 없고 이런 돈을 쓸 수 있다 괜찮다면서 시동을 걸어 출발한다. 잠시 후 주유소를 빠져나와 큰 도로에 들어서는 순간 앞에 영구차가 서 있다. 진각이 정란한테 저 영구차가 우리가 처리한 유족차 같다 하니 정란이 그냥 가자 한다.

그러나 진각은 인사라도 하고 가야지 하며 영구차 앞에다 차를 세우고 내려서 영구차에 올라가 인사를 하면서 제가 이 차에 같이 동행하면서 염불이라도 하여 영혼이 고이 가시도록 해야 하나 제가 차를 갖고 왔기에 어쩔 수 없이 따로 가오니 이해해주십사 하며 유족들에게 사과한다. 유족들이 별말씀을 다 하십니다. 스님이 없었으면 이렇게 해결할 수 있나요. 참으로 감사합니다.

그렇게 담소를 나누고 진각은 차에서 내려 합장을 하고 진각 차에 돌아와 차를 몰아 전주에 돌아오는 도중 정란이 진각에게 강요하는 말은 오늘 기분도 좋지 않으니 우리 술이나 먹자고 권하면서 어디로 가자고 강요한다. 진각은 술은 못 먹고 사찰을 너무 오래 비워놓았으니 난 가야 하니 정란 자네나 먹고 이 돈 다 가지고 가게하며 봉투를 건네주니 정란은 화를 내며 내가 이런 돈을 탐이

나서 그러느냐며 봉투를 팽개친다.

그러기에 진각은 봉투를 주워 다시 간직하고 우리는 임종택 씨가 경영하는 카센터에 도착하였다. 임종택 씨가 다가왔다.

정란이 차에서 내리면서 스님 나는 집에 갈 것이니 이젠 나한테 할 말은 없지, 진각은 이 돈은 어떻게 하느냐고 할 때 정란이 화를 내며 모른다고 소리친다. 그때 임종택 씨가 무슨 돈이냐고 묻기에 이런 저런 문제에서 수고비조로 받았다 하니 정란 형이 화가 났으니 스님이 이해를 하시고 그만두시고 이해하시라고 한다. 진각은 참으로 어간이 없다. 그러는 순간 임종택 씨가 그럼 이 돈은 현재로서는 어려운 것 같으니 저한테 보관하시고 내일 제가 정란 형을 이해하시도록 할 것입니다. 진각은 그럼 그렇게 하시는데 나한테는 돈을 줄 것은 아예 생각지 마시오. 하면서 차에 올라 사찰로 돌아왔다.

그 다음날 전화가 걸려왔다. 진각은 전화를 받고 임종택 씨 사무실에 나갔다. 스님 정란 형은 성격이 그런 분이니 그리 아시고 내가 말씀드릴 것이오니 스님 이 돈을 어떻게 하실 것입니까. 진각은 나는 생각지 마시고 정란을 주시오. 하면서 진각이 자리를 일어설 때 스님 이렇게 하면 어떨까요. 무슨 말씀이요. 스님 내 말을 들어보시오. 정란 형이 전화가 왔는데 고창에 경찰서 주유소형님 동생들의 신세를 졌으니 그곳에 술이라도 한잔 줄테니 알아서 해결하라고 연락을 받았습니다. 그럼 제가 하자는 대로 하시면 됩니다.

하며 정란 앞에다 일백이십만 원을 놓고 스님은 팔십만 원을 받으시면 똑같다고 한다.

진각은 그러면 좋은 수가 있습니다. 이 돈은 정란한테 주시고 제게로 주려는 돈은 불행한 소년들에게 추석도 내일이오니 줄 것을 임종택 씨한테 위임하니 임종택 씨가 내가 그런 곳도 모르니 이 돈은 스님이 알아서 하셔야 한다면서 일어나 밖으로 나간다.

진각은 할 수 없이 팔십만 원을 갖고 나왔다. 세차장에서 일하는 아주머니와 이창희란 청년이 반갑게 맞이한다.

이창희는 진각이 갱생보호소에서 보호자의 선처에 진각이 이곳에 취업을 시켰으니 마땅히 동정이 간다. 그 순간 창희야, 내일 추석이니 넌 고향에 가야지? 하니 네, 부모님은 안 계시지만 산소에 갈 것입니다.

고향은 경기도 이천이라고 하며 얼굴을 바라보는 순간 눈가에 슬픔이 깃들어있다. 진각은 순간 걸망 속에 넣어둔 돈이 손에 잡히었다. 창희야, 부르니 네, 하며 옆에 다가온다. 진각은 오만 원을 주면서 내일 고향에 가려면 여비라도 보태 써라고 하니 고맙습니다. 그 옆에서 일하는 아주머니가 무슨 돈을 받았느냐 물어본다. 창희가 스님이 주셨습니다. 창희는 좋겠다. 스님 저는 안 주세요. 진각은 아주머니한테도 오만 원을 주셨다. 그 순간 최윤범이란 카비기술자가 다가와서 스님 오랜만이오. 진각은 평소에 최윤범과 가깝게 지내왔다. 최윤범 내일이 추석이니 자네의 신세를 졌으니 하며 진각은 삼만 원을 주니 윤범 씨는 반갑게 받았다. 스님 감사합니다.

진각은 세차를 하고 사찰로 돌아왔다. 그날 밤 이 돈을 어디에 써야 더 한층 보탬이 될까 궁리 끝에 신문배달원이 사찰에 신문을 갖고 왔다. 진각은 그 소년을 불러 삼만 원을 주면서 너 열심히 노력하여 성공하기 바란다. 네, 고맙습니다.

총총히 사라진다.

그날부터 십오 일이 지날 무렵 전화가 걸려왔다. 수화기을 들어 네, 동덕사올시다.

아! 동덕사 주지스님입니까? 네, 그렇습니다.

하니 당신 사람이 죽었는데 보상금을 받아준다 하여 믿고 사건을 위임하였는데 적은 보상금을 받아냈으니 그때 준 돈을 돌려줄 것을 협박한다.

내용은 스님이 중생을 돌본답시고 선량한 중생을 이런 식으로 돈을 갈취하느냐고 협박하며 만약 그 돈을 건네주지 않으면 사찰에 가 데모를 할 것이며 법에다 고발할 것이란 기막힌 협박이었다. 진각은 참으로 불쾌하였다.

세상에 이렇게 퇴색된 인정과 도덕성이 실추된 데 누구를 원망하여야 하나.

진각은 당황하지 않고 세상을 믿고 삶음을 택하였다는 진각에게 또 다시 시련이 왔다. 진실과 순박한 삶에 또 다시 함정에 빠져드니 또 하늘을 바라보고 저 푸른 하늘은 너무도 정직하다. 그러나 진각은 또 한 번 먹구름이 가려져 있다는 것이니 이 어찌 기구한 삶일까.

그러나 본디 정직 신의 화합이란 가훈이 눈앞에 들어온다.

그렇다. 이런 것이 수행자에게 약이 되고 참삶에서 덕목이 된다고 생각하여 안수길 씨 집에 전화를 걸어서 당신한테 돈을 요구한 일이 없고 당신이 수고비라고 주면서 내 호주머니 속에 넣고 갔기에 그 돈은 내가 쓴 것도 있지만 정란 씨가 일부 가져갔으니 이런 일로 확대시켜 이제 와서 돈을 돌려 달라며 가진 협박을 하는데 참으로 괴롭고 안수길 씨 답변은 미망인 친구들이 이런 수작을 하니 나도 참으로 괴롭소. 그러나 법정에 나가 진실을 말할 것이니 스님 너무 염려마시고 마음 편히 하시고 이런 일이 있을지 알았으면 스님을 오시라고 하지 않을 것인데 괜히 오시라 했습니다.

미망인이 돈을 생각하고 마음이 막혀 그런 것입니다. 하면서 그만 전화를 끊는다.

그로부터 오 일이 지나 또 전화가 울리면서 고소를 하였으니 당신 법이 어떤가 맛좀 보시오. 진각은 당신 지금 전화하는 사람은 누구냐고 물어본다. 그러나 그것은 알 필요 없다. 돈만 이백만 원 돌려주면 고소는 취소하겠다. 전화기는 더 이상 통하지 않고 끊어진다.

진각은 너무 어처구니도 없을 뿐 그러나 모든 것은 탐심과 욕심의 번뇌가 따랐으니 당연히 이런 것이 나에게까지 와닿는 것이 아닌가 하루 하루가 너무 어이없으며 이런 일을 정란한테 알려 볼까도 했으나 그럴 필요 없다. 모든 것이 수행을 하는 나에게 시험의 관문에 들어선 것이었기에 좌절은 없다.

그로부터 일주일이 지난 정읍지방검찰청에서 소환장이 날아왔다. 내용은 출두명령서 소환출두일은 그날로부터 3일 후였다.

그러나 모든 것은 이백삼십만 원이란 돈 때문에 이런 수모를 당해야 하나 진각은 돈에 욕망은 없었으나 현실의 내용은 그렇다 할 방법이 없으며 스님으로써 그런 사건에 가담했다는 자신이 너무 어리석은 진각이기에 더욱 더 마음속에서 속죄할 뿐더러 누구를 증오하려들지 않는다. 하늘을 바라보며 혀를 깨물자 짭짤한 피 비린내가 목구멍에 넘어간다.

그렇다. 가진 것은 나에 진실뿐 무엇이 있느냐고 다시 심지에서 쓰고 남은 육십사만 원에다 일백삼십구만 원을 보태어야 할 돈이 필요하여 대전 처제한테 전화를 걸어 내용을 말할 수 없어 당분간 필요하니 있으면 빌려 줄 것을 부탁하니 알았다는 말에 참으로 고마웠다. 그 후 온라인으로 농협에 도착하여서 나머지 육십육만 원은 서울 친구한테서 이체하여 이백삼십만원을 걸망에 넣어 진각은 정읍지방검찰 지청에 가는데 그날따라 비가 무척 왔다.

진각은 정읍에 도착 지방검찰서 이층에 들어갔다. 그때 미망인과 그의 친구 여인들이 셋 와 있었다. 잠시 후 검시 서기가 나와 스님이 차오석이냐 묻기에 네, 그렇습니다.

스님 고창 신○○ 씨를 잘 아느냐고 묻기에 그런 사람은 잘 모르는 사람입니다. 아 그러십니까.

그럼 저 여인은 아십니까? 네, 잘 알고 말고요.

그럼 저분의 남편에 대하여 사건을 해결한답시고 이백삼십을 받았습니까? 진각은 그런 것이 아니라 돈을 요구하지는 않았습니다.

수고비라면서 주기에 받았습니다.

그 돈을 돌려주실 수 있습니까? 진각은 원래 그런 돈을 탐하지 않았기에 그래야 됩니까. 그래야 합니다. 그럼 이백삼십만 원의 내용을 물었다.

미망인의 말은 이백만 원은 수표였다고 삼십만 원은 다방차 값, 같이 온 분 술값, 여관비, 식사비라고 한다.

그러나 삼십만 원이란 돈이 들지않았으나 굳이 따질 필요도 없었다.

그 미망인은 너무 상기된 인상과 아주 흉측한 쌍판을 하고 있었으며 거기다 한 술 더 떠 만약에 어떤 거짓이라도 진각에 덮어씌운다면 진각은 당할 수밖에 없었으니 그런 것이 다행스럽다.

사무관이 그럼 돈을 언제까지 줄 수 있느냐고 묻기에 지금 돌려드리지요. 아, 진각은 돈뭉치를 사무관 앞에 내놓았다.

사무관이 돈을 건내주면서 세어 보라고 한다. 미망인은 눈이 휘둥그레지면서 한 장 한 장 세어간다. 잠시 후 네, 맞습니다.

그럼 스님한테 더 이상 할 말 없지요. 네, 없습니다.

스님 할 말씀 없습니까? 묻기에 진각은 아주머니 참으로 다시 보이네요 그 돈은 아주머니 돈이라고 생각합니까? 그 돈으로 행복한 미래를 찾아주시고 당신의 인생이 너무나 아쉽게 생각됩니다.

잠시 후 웬 젊은 사나이들이 들어온다.

사무장이 이 스님 아시지요. 젊은 사나이가 모르는 분이오 한다. 진각은 영문이 없어 이분이 누구시냐고 반문하여 물어본다. 그때 사무관이 이분이 신 사장이오 고창 살인 가해자입니다.

아, 그러시나요. 진각은 어차피 해결되었기에 누구한테 하소연하지 않고 그냥 마음에 묻고 언제 인연이 있으면 다시 뵐 날 있겠지요 하면서 서둘러 사물실에 계단을 내려오며 주룩주룩 내리는 빗줄기를 그냥 맞으면서 차 앞으로 다가와 차를 타고 오면서 한결 어깨가 가벼워졌다. 그때 일들이 차창에 부딪혀서 흩어지는 현상을 보았다.

진각은 나의 고락이 저처럼 처절이 떠나간다고 생각하니 더 한층 기쁨이 마음에 새롭게 타오르며 무례한 중생, 어리석은 중생 그러나 진각은 큰 도움을 주었다. 몸으로 도와주었다면 이런 일 없었으나 물질이 인간의 진리를 주셨으니 아마 그분에게는 물질적 돈이 인간 전부로 착각하는구나. 참으로 어리석기 짝이 없다. 여기서 여러분들께 한 말씀드릴 것은 누구나 탐심이 있으나 그 탐심이 진리적 현실을 이해할 때 딤심이 삶에서 존재할 수 있으나 남에 마음

을 아프게 하여 자신의 욕망을 채우려 하면 결코 그 뜻이 이루어지지 않으며 그는 지금 진각 앞에 바로 설 수 없이 무안한 고통에서 허덕이고 있으며 수행자의 마음을 상하게 한 자신은 편할 리가 없을 것이다.

그 후 진각은 다시 영란 어머님 그 가족들이 진각사찰에 찾아왔으나 진각은 아무런 감정없이 현재까지 그저 그렇게 평신도로 대하고 있으며 모든 것이 진실하기에 그 후 정란과의 우정은 더욱 두텁게 쌓여지고 있다.

세상에서 무서운 것이라고 생각한다면 각자의 진실에서 이탈한 양심은 참으로 무섭고 불행한 삶이라 본다. 필자는 늘 진심을 추구하면서 삶을 찾고 있으며 진각 현실은 너무 고달퍼라 하면서 곧 사는 것이 죄악이며 그러나 죽음을 택할 수 없으며 여기에서 그

후 새롭게 삶을 하고 있는 실현적인 진각은 보호관찰소 청소년 선도위원에 적극적으로 도와주고 있으며 삼 년이 지나 삶의 테마 속에 묻어놓고 진각은 사찰관리와 신도의 관리적 책임임무에 열역하면서 계유년 8월 15일 중추절을 맞이하여 불우노인 소년가장들에게 백미 3가마를 동사무소에 넘겨주고 서해페리호 침몰유족들에게도 금 십일만 원을 보냈으며 보호관찰소에서 감사패도 받았다. 이런 것은 진각에게 더 고충이 많다.

좀더 노력하여 여유가 있어 많은 일들에 참여하여 봉사하라는 책임감으로 생각을 하며 노력한다. 지난 서해 페리호에서 참사사건 전 진각은 위로에 묘소를 옮기기 위해 가 본 적이 있다.

그때 동네 사람들이 모인 가운데 진각은 무수히 하는 말이 위도에 큰 사건이 터질 것 같으니 용왕재와 수륙재을 지내도록 하자고

몇몇 분들께 말한 적도 있었다. 위도주민들은 다소간 진각에 예언이라고 생각한 사람도 있으며 그런 말이 시대적 현상에서 통하지 않았다. 그러나 필자는 진실한 마음에서는 모든 현상을 바로 볼 수 있다고 확신한다.

계유년은 인명피해적 사고와 농사도 냉해가 있다오. 신도님한테 일월 초삼일 날 예언을 하였고 되도록 일찍 심어 일찍 추수하는 것이 큰 피해를 막을 것이라 하였으니 과연 이제 생각하면 필자는 하늘의 진리를 따르고 있는 것이다.

그 후 진각은 서울 북한산에서 전화가 걸려와 내용은 11월 4일 돌아가신 영혼을 천도하는 49재 천혼재을 지내달라는 부탁이었다.

약속을 지키기 위하여 11월 3일 저녁에 올라갈까 했으나 광양손자 아이가 집에 와 있기에 동거인이 너무 힘들어 도와주려는데 하루 앞당기지 않고 11월 4일 새벽에 갈 것을 정하고 그날 그러니까 11월 3일 이○○이란 사람은 우리 사찰을 간간이 찾아오는 신도와도 볼 수 있는 젊은 사나이, 그간 사찰에서 잔일을 도와주고 진각을 따르는 사람이 있다. 그런 관계로 11월 4일 서울에 갈 일이 있다고 하니 저도 같이 갈 것을 조롱하기에 그럼 놀고 있어 용돈이 궁할테니 같이 동행하자고 하여 그 다음날 새벽 6시 30분경 출발시간이 다가왔다.

그러나 이○○은 오지 않는다. 그런 중 진각이 동거인에게 ○○이 가나 서울 가는데 따라간다고 했는데 그냥 가면 오해할 것이니 전화를 하자고 하니 전화를 건다.

진각은 걸망과 두루마기를 입고 나선다. 그러나 ○○은 오지 않는다. 진각은 차로 다가서서 시동을 걸어 출발을 하여 큰길로 나설 무렵 이○○이가 뛰어오며 스님 스님 부르는 소리에 백미러로 보니 오고 있다.

잠시 멈추어 섰자니 이○○은 차문을 열고 들어서는 순간 허리가 아프다고 한다. 그러기에 진각은 그럼 쉬도록 하라고 한다. 그러자 잠을 잘못 잤나 싶으니 그냥 갑시다 하기에 진각은 차를 출발하여 전주 시내를 빠져 봉동을 경위하여 이리 톨케이트에 이르기 전 주유소에 연료를 공급하고 안전벨트를 착용하고 여산, 양촌, 논산, 서대전을 경위하여 신탄진을 경유하여 천안사이에 심한 안개가 끼어 있어 빨리 달리기가 어려웠다.

진각은 시속 100킬로에서 90킬로, 80킬로를 밟고 달리다 약 80미터에서 70미터 근반에 정체현상이 있어 경고등을 켜고 풋브레이크를 세 번 밟고 나서 속도을 줄이면서 브레이크을 꽉 밟았다. 그런 순간 앞차는 갤로퍼 임시 번호가 앞에 가고 있었으니 그 갤로퍼 뒤에다 전차시키는 순간 뒤에서 펑하고 들어받는 순간 진각은 정신이 아찔하여 눈을 감고 잠시 정신을 차려 밖을 보니 진각 차가 부서지고 문이 열리지 않아 옆 유리를 내려 보려고 하는 순간 사람들이 달려와 문을 두드리며 괜찮습니까? 네, 괜찮다고 하니 스위치를 누르라고 하여 문을 다시 열릴까 하여 스위치를 누르니 유리가 내려갔다. 그리하여 사람들의 도움으로 빠져나왔다.

옆에 동승하였던 이○○은 스님 괜찮습니까? 응, 괜찮네 자네는? 내려가 괜찮습니다. 그리하여 두 사람은 밖에 나와보니 르망이 들이받고 그 차도 많이 부셔졌다. ○○이 우리 차를 받았으니 번호와 주소를 물어 적어 보게 하니 알았습니다.

이○○은 볼펜을 앞차에서 빌려 적어주었다.

그리고 나니 어떤 젊은 사람이 다가와 나는 천안 제일 부림에서 나왔으니 이후 무슨 일이 있으면 연락하라고 하며 명함을 주어 진각은 받아 두었다.

그런 도중 진각스님 다치진 않았습니까 하는 젊은 사람이 있었다. 그는 바로 르망 차의 주인 기사였다.

그럼 다행이나 이 사람이 무슨 차를 그리 무섭게 달려와 경고등을 켜 주차하는 차에 이리 할 수 있나.

그러나 그 사람의 일전을 보니 매우 상기되었고 방황하고 있다. 진각은 수행자라서 조금도 당황하지 않고 하는 하늘을 바라본다. 아 모진 것이 목숨이구나 또 다시 하늘을 바라보며 아직도 시험대에서 벗어나지 못하고 다시 진행되는 삶이었구나.

마음에 스치며 환상적 머리에서 지나간다. 그로부터 잠시 후 경찰관이 왔다. 사고원인을 물었다. 그대로 진각은 말하고 앞차 기사한테 물었을 때 앞차 갤로퍼 기사도 펑하며 뒤차가 스님차를 들이받고 밀쳐서 제 차가 좀 파손되었다고 한다.

갤로퍼는 범퍼가 약간 찌그러졌다.

2회 약식으로 스티커를 띄워 줄 테니 우선 차를 옮기도록 지시하여 렌터카로 운송하여 신탄진 톨게이트로 가져갔다. 진각과 이○○은 앞차 갤로퍼 차에 실려 신탄진 톨게이트로 갔다. 차는 보이지 않았다. 경찰관이 11시 30분경 이곳에서 만나자고 약속했기에 우리 셋은 식당으로 돌아왔다. 우선 식사를 하고 시간도 많이 남았기에 조식을 주문하고 나와 전화를 서울로 걸어 재를 못 지낼 것이니 다른 스님을 대처할 것을 알리기 위해 전화를 걸었다. 전풍운이가 전화를 받고 왜이리 늦었느냐 라고 한다. 거기가 어디쯤이냐고 한다.

지금 차가 사고 나서 서울에 갈 수 없으니 다른 스님으로 대치하려고 전화하니 그렇게 해주고 미안해한다. 전풍운은 다치지 않았느냐고 하며 전주사찰로 연락을 하니 떠났다고 하며 좀 걸릴 것이라 하며 기다리고 있어서 그럼 다친 데는 없는지 병원으로 가보고 그 사람은 잡았다고 하여 다 알았으며 경찰관이 와서 우선 사건을 진술 중이오니 모르겠다.

그럼 이만 끝내 진각은 또다시 사찰로 연락한다. 잠시 후 동거인은 전화를 받고 매우 놀란다.

그리고 나서 우리 둘은 천안 톨게이트로 돌아왔다.

마치 전쟁을 치르고 난 것 같았다.

참으로 어처구니가 없었다. 여기서 필자는 11월 3일 밤 2시 40분경 꿈에서 군복차림을 한 젊은 사람 셋이 진각이 어떤 길을 가는데

가로막고 통과를 못하게 하여 진각이 화를 내니 젊은 사나이가 길 터주는 꿈을 꾸고 매우 이상하였다. 그런 꿈이 오늘에 이르니 이런 곤란한 일들이 일어났구나 싶어 모든 것이 진각에게 하나하나 계시가 있었다.

그 후 경찰관은 이래서 왔다. 우리는 경찰의 지시에 열을 지어 순번대로 부르면 나와 우선 사건이 많으니 스티커를 띄워줄 것이 이것을 갖고 병원에 가서 치료 받고 하는 상호간 보험자는 보험처리로 신청하여 모든 것은 6일날 이곳에서 다시 나와 진술을 할 사람은 나오라고 한다. 그러나 진각은 오늘 일도 일이고 너무나 어처구니없이 당하였기에 다시 물어본다. 그때 경찰은 다쳤습니까. 아직은 모르나 차후 아픈 데가 있으면 어떻게 하나요. 그러시면 병원으로 가보라고 한다.

우리 둘은 어찌할 바를 모르고 차량편로에 있지 않아 이○ ○과 진각은 할 수 없이 르망기사 이종선 씨가 몸담고 있는 천안 대우자동차 정비공장 사장이 가지고온 차량편에 같이 동행하고 갤로퍼 기사와 헤어지고 진각과 이○ ○은 천안에 돌아와 기차를 타려고 천안역에 갔다. 그런 도중 지하로 옆에서 이종선이 다가와 스님 청심환이라도 드시고 라고 하여 잠시 지하로 입구에서 있으니 사장이 청심환을 사가지고 와 이규청을 건네주니 이규청이 받았다. 르망기사와 시장은 깍듯이 인사하며 병원에 가서 시티촬영을 하시고 충분히 치료하라고 하며 보험처리도 할테니 염려 말라고 한다.

우린 작별하고 천안역에 와 시간표를 보고 상당히 시간이 있어야 하니 스님 버스로 대전에 가서 우등고속버스로 가자고 하여 그럼 그렇게 하자고 다시 택시로 버스역에 도착 버스표를 이○○이가 갔어 진각은 기다리고 있다. 스님 금시 떠나니 나갑시다. 그리하여 진각은 신발을 닦을 테니 시간이 있나 하니 네, 닦을 수 있으니 나갑시다. 나가는 도중에 구두닦이가 있다.

진각은 나가서 구두를 닦고 나서 개찰구를 빠져나와 버스를 기다리고 있다. 버스를 타고 대전 도착 전 고속버스 대합실에 들어와 이○○이가 버스 승차권을 끊고 진각 원비드링크를 사고 피로회복제를 사들고 이○○을 전해주니 고맙게도 마시면서 밖으로 나간다. 진각도 답답하여 대합실을 빠져나와 입구에 서 있다 광장에 나가는데 이○○이 보이지 않아 물어본즉 어디다 전화를 걸고 있다.

진각은 옆에 가고 싶었으나 마음이 허락지 않아 잠시 잔디밭에 앉아 있자니 이○○이가 전화를 걸고 나와 벤치에 앉아 무슨 생각을 하면서 고개를 숙이고 있다. 건강은 젊은 사람이 저렇게 하나 하고 있자니 시간이 됐다고 나가자고 하여 따라나서 개찰하고 자리에 앉아 말없이 누워버린다. 순간 이○○은 무슨 생각에서 그리하였는지는 모른다.

그렇다고 물어볼 수 없이 그냥 충격이 컸던 것이겠지. 그로부터 14시간 사십 분 후 전수 도착, 그런데 이○○ 친구 양○○이란 사람과 또 한 사람이 나와 있었다. 우린 차에서 내리는 순간 양○ ○이 스님 다친 데는 없느냐고 하기에 없어 하니 다행입니다.

이○ ○이 넌 모르겠다고 하면서 그때부터는 상황이 바뀌어 차에서 앞가슴이 아파가고 고개도 아프다. 허리도 통증이 온다. 그런데 여기서부터는 진각이 마음이 이상하며 이○ ○이가 이런 사람이구나 다시 얼굴을 바라보며 넌 방식이 있으나 세상을 그런 방식을 택하면 젊은 앞날이 막힐 텐데 한번 약속한 사람이라고 하늘을 바라보며 우리가 탄 차는 영동병원에 도착하여 병원 앞에서부터 온전히 환자행세를 하고 있다. 그런 것 좋으나 진각은 마땅치 않다.

정의감이 있으니 또한 진실이 용납하지 않는다. 그런 후 그 사람들은 안쪽으로 가서 무슨 말을 주고받으니 양○ ○이가 스티커를 떼어 준 것을 가지고 원무과에 접수하고 모든 것이 끝나면 입원한다고 하기에 진각은 더 이상 개념치 않기로 결정하고 사찰로 돌아온다. 진각은 세상에 이런 일들이 이 지구상에 무수히 있다는 것을 새삼스럽게 생각한다.

필자는 여기서 꼭 밝히고 싶은 것ㄴ 있다.

본 이○ ○은 무주에서 공사일을 하다가 다쳤던 일이 있고 11월 3일 날도 병원에 가서 물리치료를 받고 매일 통근치료를 하고 있던 중 진각과 같이 동행중 충격도 있었던 것은 사실이었다. 그러나 이렇게까지 병원에 입원한다면 국가적 차원에서 국고 손실과 개인적 손실이 있으며 도덕성을 기피하며 반이적이라고 하고 싶다. 그날 밤 진각은 병원에 찾아갔다. 이○○은 입원하여 누웠다. 다친 곳이 어떠냐고 물으니 고개 뼈가 금이 갔다고 한다. 그러나 진각은 그렇게 생각하지 않았다. 그런 상황이라면 천안서부터 불편하였을 것이라고 생각한다.

그 다음날 그러니까 11월 5일 다시 찾아갔다. 좀 어떻냐고 물으니 뼈가 경미한 증세라고 하며 다시 과장님이 CT 촬영을 하여 본다는 내용이었다. 그리고 진각은 11월 6일 신탄진도로 순찰대에 진술과 조사를 하려고 병원을 가지 않고 신탄진에 도착하여 담당 순경을 만나 그동안 안녕하십니까?

순경이 먼저 인사를 한다. 서너 명의 사건 조사를 받으러 온 사람 서성대니 우리 사무실로 올라갑시다 하며 경찰관이 앞서서 안내한다. 마치 큰 죄라도 짓고 온 듯한 느낌이 든다.

진각도 이층 사무실에 도착 잠시 후 피의자 진술서를 한 뭉치 가지고 나와 순번대로 취조를 받을 테니 그리 아시라고 한다. 진각은 순번이 세 번째였다. 그곳에 있기가 너무 잠잠하여 옥상에 나가 먼 산을 바라보고 이리 왔다 갔다 하니 옆에 포인터 개가 한 마리 매여 있다. 진각은 개 옆에 다가서니 개는 꼬리를 흔들며 반갑게 반긴다. 밥그릇을 보니 아무것도 없다. 참 너도 전생에 무슨 업이 많았기로 이곳에서 목을 매여 밥도 제대로 먹지 못하고 고생이 많구나 하니 개는 알아들었는지 끙끙대며 혀를 진각의 손등을 핥고 있다.

진각은 개의 머리를 쓰다듬어주며 발보리심하여 내세에 인노 환생하여라 하며 중얼거리면서 자리를 떠나 화장실에 들어가 변을 보고 밖으로 나오니 이종선 르망차 기사 가해자가 스님 안녕하세요. 아 지금 오는 중이가? 네 몸은 괜찮은가? 네 스님은요? 괜찮으나 앞가슴이 먹먹하네 그러나 괜찮을테지. 노모님한테 연락하지 말게 놀랐을 것이니, 자내 처는 아는가? 네, 말했습니다.

스님이 종선가 해자가스님 죄송합니다. 자네나 나나 우리가 큰 부처님의 가호로 이렇게 살았으니 더욱 불도에 정진하고 쉬는 날은 꼭 절에 나가도록 하게. 네, 알겠습니다. 그렇게 노력을 하겠다고 한다.

진각은 이 순간 불교로 인연이기에 너와 나의 생명관이 이어졌구나 생각하니 값진 보석보다도 더 값진 것이었다. 그러나 진각은 머리에서 떠나지 않은 것이 있다. 타지 않고 남은 불씨 그건 바로 이○○이가 하고 있는 행동 참으로 안타깝다.

좀 앉아 있자 하니 스님 하며 경찰이 부른다.

진각은 다가서며 네, 그리 앉으시지요.

진각은 마주앉아 문에 답하였다.

취조라고 하는데 4 · 19혁명 당시와는 판이 다르다. 그저 약식에 지나지 않았다. 그러나 진각은 모든 것이 인연과 연기에서 그 업이 도달하여 이곳에까지 왔으니 누구한테 법을 이용하여 피해를 주긴 싫다. 그러기에 이종선의 불리한 법은 피하였다.

그리고 나서 인장을 찍고 나왔다.

잠시 후 갤로퍼 기사가 왔다. 스님 반가이 악수를 청하여 불자라고 친근감이 있었다.

그분도 진술하기 위해 사무실로 들어갔다.

진각은 개념치 않고 밖으로 나와 앉아있었다. 약 그 십분 쯤 후 갤로퍼 기사가 나왔다.

화장실로 들어간다. 잠시 후 나와 식사는 하셨는지요. 안 했습니다. 이곳에 식당이 어디에 있느냐고 묻기에 나도 모르겠습니다.

그날이 이종선은 모든 진술을 하고 나서 진각과 갤로퍼 기사한테 공손히 인사하고 고속도로 순찰대 사무실을 나온다. 갤로퍼 기사가 오늘 승차비를 줄 것을 이종선에게 부탁한다. 이종선은 진각을 바라보며 우물쭈물하기에 진각은 그분이 자네가 이런 일이 없으면 이곳에 올 일이 없었으니 자내가 승차비라고 주게 하니 알겠습니다하며 지갑을 꺼내어 제가 가진 돈이 넉넉지 못하니 얼마나 주면 됩니까 하니 갤로퍼 기사가 삼만 원이 들었다고 한다. 그러니 삼만 원을 요구한다. 이종선은 건네주며 죄송합니다 하며 공손히 인사하니 갤로퍼 기사는 스님, 그럼 가셔야지요. 아, 나는 차 관계로 아직 남았으니 우선 천안에 내 차가 있다니 그곳으로 갈 것입니다. 그럼 이종선 차에 동행하시오 하고 헤어진다. 진각은 이종선 가해자의 트럭에 올라 천안에 도착하여 타협을 하는데 모든 것이 진각에겐 유익하게 협상이 되지 않았다. 그런 도중 진각은 아니 내 차가 6개월도 아직 14일이 남았기에 폐차를 할 수 있었으니 벌

도리가 없다. 그곳에 시설은 미비했고 더구나 대우차 정비공장이고 또한 보험처리에서 결론을 지었으니 남에게 피해를 줄 것 없다고 판단하고 진각은 전주로 운반을 요구하였다. 그럼 그렇게 하시라고 하며 트럭을 불러주며 봉투 한 개를 건네주며 스님 보약이라도 지어잡수시고 그 동안 비용도 있으니 일금 삼십만 원이라고 한다. 진각은 아니오. 이런 돈은 내가 받아선 안 되는 일이오. 하니 그곳에 여직원과 사장, 직원들이 당연히 받아주십시오 하니 성의를 무시할 수 없어 받아들었다. 그러나 진각은 쉽게 호주머니 속에 넣지 않고 들고 있었다.

그런 도중 트럭이 왔기에 호주머니에 넣고 진각의 차는 트럭에 실려서 천안을 빠져나와 얼마 후 도중에서 간단히 요기를 하고 밤 8시 40분경 전주도착 현대 서비스공장에다 내려놓고 진각은 사무실에 접수하고 사찰로 돌아왔다.

그날 밤을 지니고 나서 병원에 나가 보았다.

이○ ○은 누워 있었다. 이○ ○을 보니 얼굴에서 탐욕이 가득한 표정이 있고 따뜻한 도덕심이 찾을 수 없었으니 몇 마디 건네 본다. 자네 이런 식으로 삶을 쉴 것인가. 그러지 말고 자내가 진실한 불자가 되려면 내 말을 들어주게 웬만하면 합의 하여 주고 보약이라도 먹고 깨성하여 활동하여야 하네 아무렇지 않는 사람도 병원에 입원하면 기가 허약하여 없는 병이 생겨나네. 진각은 이○ ○의 마음을 떠보기 위하여 건넨 말이었다. 그러나 진각의 말은 틀림이 없다.

그렇게 하지 말고 스님도 누워 치료하시어야 합니다. 후유증이 있으니 물리치료라도 하시오.

이 사람아, 난 수행자라 그런 바늘을 몸에 대길 싫네.

정신력으로 지탱하겠네. 그럼 자네나 몸조리 잘하게 하고 진각은 사찰로 돌아왔다.

그날 밤 9시 40분경 이○○ 친구 안재섭이 전화로 스님 저 양○○이요 스님 몸은 어떤지요. 괜찮네. 스님, 이○○의 말을 들으니 스님차가 갤로퍼를 받고 난 후 르망이 뒤를 받아 ○○이가 많이 다쳤다 하니 스님 ○○이 말씀이요 ○○만 피해를 볼 수 없지 않아요. 스님은 이종선이가 보험처리로 차는 고칠 것이며 ○○이는 이처럼 피해를 보고 그냥 있으란 말이요. 다시 진상을 밝히기 위하여 갤로퍼기사와 연락도 하고 고속도로 순찰대한테도 연락하였으니 부르면 꼭 나와 주시고 스님도 보험처리를 하시려거든 그렇게 하시오.

진각은 자네 그렇게 하면 안 되네. 이○○은 더더구나 나에게 그런 어처구니없이 행동을 취하면 나도 법을 상대로 하여 볼 것이니 그리 알고 마음대로 하라고 하니 알았습니다. 하며 전화를 끊고 났을 때 진각은 참으로 인생이란 존재는 거짓으로 살아가는가.

진각이 깊은 산속에서 진각의 자신을 위하여 수행을 한다면 이런 고통은 없이 쓸 것이나 대중 속에서 현 불성을 선파하며 잠삶을

추구하려니 이런 고초가 있구나 새롭게 진리를 찾아 수행하리라 그러나 진실은 백일하에 밝혀지리라 확신하며 진각은 거짓이 없다 설상 압차를 받았었다면 굳이 이종선에게 폐를 끼칠 필요성이 없다. 큰 피해가 아니고 돈으로 따지면 삼십사만 칠천 원 상당이니 아무리 없는 구도자라 할지라도 일찍이 이백삼십만 원도 돌려준 일에 비교하면 약과이면서 또한 잘못이 있고 형법상당연 이 과실도 있으며 도덕적 회피할 것이 있겠는가.

어리석은 중생이란 이런 것들이 큰 사고무친 격이라 스님이 협박한다고 그저 열원대상에 오르면 어떡하나 하여 충분히 원하는 대로 끌려 갈 것이라고 판단하여 그런 전화를 걸까 한다.

그러나 그런 건 관심이 없다. 충분한 자료가 있고 현실이 밝혀줄 것이니 진각은 그러나 이○○이가 애석하기 짝이 없다고 생각한다.

자작자수는 환자본래라는 말이 있다. 이 말을 해석한다면 자기가 지은 업은 자기가 받고 자기가 싸온 덕은 자기가 받는다는 말이다. 마치 물속에 물고기가 먹이를 탐하여 재주를 하듯이 참으로 어리석다.

진리적 현실에서 적응하여 내면 응수를 하여야 한다고 강조한다. 현대사회를 살아가는 젊은 사람들에 필자는 더욱더 강조하며 자기관을 충실히 살펴 내면에서 응시하여 실래적으로 젊음을 갖추어나가야 삶에 뜻이 있으며 그 삶은 값진 보배가 된다.

여기에서 필자는 앞서 수행구도를 내면의 응시에 실천하기 위한데서 현대를 살아가는 젊음들에게 어떤 일에도 수행하는 일로 생각하고 각자가 염원하는 일들을 수행하는 구도자로 바꾸어 생각한

다면 모든 것이 실현될 것이다.

다만 생존의 방편은 무한한 진리를 형성하며 형성된 삶 속에서 연속적 잉태하여 고달픈 삶이라 하겠소. 그러나 우리 인류는 원초적 많은 변화 속에서 불편하지 않은 것은 없다. 생태로 변하여 다시 태어나고 또 다시 태어난다. 그러나 굳이 자기 자신을 저버리고 삶을 갈구하는 한정된 곳에 이르면 그 생명한계에 이르니 그렇게 부정적으로 삶이 결코 죽음을 피하진 못할 것이다. 순간은 부정적으로 피하기 어렵다. 그러나 진실의 죽음은 영원히 죽음이 아니라 인류가 없어진다 해도 그 진리는 다시 태어나리라 필자 진각은 모든 것이 무소무득이라고 생각한다. 각자가 가지고 나온 것 없고 가지고 갈 것도 없다. 삶에서 인생을 찾아 헤매이다가 그 인연의 업보에서 생성패가 있으니 인과업보에서 가려져 잉태되니 무엇을 바라지 말고 진실을 주장하는 대수행 없이 진실을 찾기는 마치 눈먼 장님이 코끼리 다리 만지기와 같음이라. 일상생활을 수행자가 구도하는 정신과 같이 각자 주어진 임무에서 이탈하려 말고 충분한 수행을 하였을 때 기도에서 깨우쳐 도인이 되니라. 도인이라고 칭한다면 우선 자기 일에 열심히 노력하며 그 일을 내 일신에서 합류할 때 참일이 되며 실패는 없다고 본다.

필자는 앞서 밝힌 바와 같이 법이 있으니 법을 상대로 하여 삶을 지탱한다면 충분히 방편적으로 삶을 택할 수 있으나 우리 인간은 사물적으로 관찰한다면 법을 지켜야 질서적 윤리나 도덕적 행위는 그 동안은 잠재적에서 머물고 있으나 인간적人間的인 근본根本은 법에 의존하는 것은 도덕관이 윤리관에서 이탈된 이념으로 언제든지 인간성을 실추시키는 데에 있다고 봅니다. 세상은 자신이 있다는 것은 불변하지 않는다는 것을 말한 것이나 다름없다. 진리를 찾아 수행하는 진각은 오늘도 무한한 삶을 돌아볼 것이다.

범법과 제소자 · 칭송감호위탁자

범죄 예방 보호 관찰 소년보호자협회, 활동전개

위에서 수행자와의 관계에서 아무런 관계가 없는 인간들은 고통을 겪으면서 필자는 우선 법에서 억울하게 처벌받고 있는 사람들을 돕고 법에서 구제시켜 줄 것을 생각하여 우선 교도소 교화위원으로 위촉을 받고 1987년 3월 6일 지방검찰청소년 보호 선도원원 위촉, 1989년 2월 21일 갱생보호위원위촉을 1989년 10월 20일 위촉 받고 우선위원으로서 소년선도에 헌신적으로 선도와 위탁을 받아 약간의 물질과 더불어 선도차원에서 열심히 노력하는데 때로는 기독교를 믿는 부모님의 자손을 위탁박고 보호할 때 마음이 괴롭고 마찰이 있을 때 진각은 설득력 있게 상담하여 종교차원을 넘어서 선도적 차원을 적절히 처리하여 전주대학교 강모 씨 강간강도

범도 교도소에 보내지 않고 보호 위탁하여 학업을 받고 졸업 후 취업하여 행정공무원으로 현재 있으며 수 없는 소년법에서 교화시켜 오씨 양씨 이씨 황씨 등등 소년을 위탁받아 약간의 장학금을 주어 진학한 학생은 6명이나 되고 청송보호감호소에서 가석방으로 출소한 박○○씨 고창군 선원면 소재지에 정착하는데 보일러에서부터 방 수리, 연탄, 식량, 의류, 약값, 생활비로도 월 30만 원씩 4년 3개월을 보살펴주었다.

선원리 이장님도 박○○ 씨에 대해서 잘 알고 전과 17번이나 절도 강도 등등 그렇게 살았기에 청송보호감호소에 다 수감시켜서 반수 불신된 사람을 위탁받아 필자 진각이 보호해주며 목욕시켜주고 고기, 계란, 고추장, 된장, 간장, 라면, 기름, 생필수품을 도와주었다. 그런 시 4년 3개월 되는 5월 19일 더 이상 몸을 지탱하기 어려워서 장성복지원으로 입원시켜주는데도 행정상으로 절차에 보증을 섰으며 또한 전북 오수면 시내 강○○ 씨 살인죄로 천송보호감호소에서 위탁 보호 받아 2년 동안 보살펴주고 강재현 씨도 복지원에 위탁시키고 형만료가 되었다.

순창 동계면 양순열 청년도 절도자 성폭행죄로 공주치료감호소에서 위탁받아 보호하여 만료된 후 현재 잘 살고 있다. 필자의 사찰은 넉넉한 사찰은 아니지만 우선 마음이 편안하며 모든 물질이 인생의 전부가 아니기에 작은 나눔이 시작될 때 큰 나눔도 할 수 있다고 생각하며 길거리를 가다 보면 늙고 병든 노인들이 고물을 줍고 빈 박스를 주어서 몸을 지탱할 때 필자는 그래도 그분들보다는 어려움이 없다. 몸도 건강하고 자비하신 부처님의 가호가 있으니 더욱더 용기와 확신이 있어 좀 더 청소년 보호와 범법자의 막막

한 생활을 도와주고 싶어서 사회 전반적으로 각계 각 처리에서 돕고 있지만 필자도 작지만 돕고 있다는 마음은 수행자가 꼭 해야 할 일이라고 생각한다.

그러나 잘살고 부유층에 있는 자녀들(소년)이 범법을 저지르고도 변호사 선임을 한다 하여 선도위원을 우습게 알고 저희 집 아이는 변호사님의 절차대로 할 것이오니 간섭하지 말라고 할 때 참으로 허탈감이 있고 엄격히 보호 처분자는 보호감호일지를 매월 보호 위원한테 받아서 판사님에게 보고하게 되어있다고 하면 그제야 알았으니 우리 아이 시간이 허락할 때 와서 받아가라고 할 때 본 필자는 피가 거꾸로 솟구쳐 올라온다. 그러나 수행자의 정신력으로 감수하고 필자는 국가로부터 공인허가 심리학 1급 자격도 이수

하였고 하등에 결격사유는 없다.

필자는 어떤 상을 받고 보수를 받고 싶어 이런 일을 하는 것은 결코 아니라고 정의합니다.

또한 이창희 경기도 여주에서 태어나서 어려서부터 부모님 없이 고아원에서 있다가 이탈하여 떠돌이 생활로 소매치기 절도죄로 전과 13번 청년을 위탁받아 데리고 사찰에서 3개월 동안 잔일을 시키고 있던 중 글을 배워야 하기에 진북동직업학교에 입학시켜 학업을 이수하여 세차장 취업을 시켜 월 십만 원씩 받고 약간의 저축을 하여 결혼도 하고 가정을 꾸려 이제 잘살고 있으니 필자는 감격하고 수행의 빛은 남을 위해 비추어주는 진리의 등불이라고 생각한다.

이외에도 보호자들의 활동은 많으나 줄이고…….

다음은 풍수지리로 중생을 도와준……

풍수지리로 인생의 삶을 바꿔주었다.

필자는 앞서 혜월선사님의 수제자로서 분골쇄신을 닦아온 수행으로 풍수지리에도 확신이 있다고는 말할 수는 없음에도 방편을 해왔다고 본다. 우선 여기서 발고할 것은 익산군 석암리 유채완 씨 집 조부 조보님의 묘소를 쓰고 나서 손자가 논산 훈련소 조교로 있던 중 결혼 문제로 (맞선)상견례를 하고 와서부터 정신이 이상하여서 군대입대하지 못하고 병원에 입원하여 치료 중에 차도가 없어 필자를 만나게 된다. 그래서 묘를 잘못 안치해서 광중살이있어 불합적의 손자한테 집착되니 묘소를 옮기도록 하여 줄 것을 상담하고 나니 약속하고 묘지를 옮기는데 전지사가 친척으로 가장하여 현장에 와 있었으며 필자는 아무것도 모르고 묘지를 일꾼들과 파묘 후 다른 곳을 옮겨서 새롭게 안치시켜주고 돌아왔다. 그로부터 일주일이 지나서 손자는 병원에서 퇴원하여 말끔히 나왔다. 군에 복귀하고 그해 결혼도 하고 현재까지 잘 살고 있다.

또한 익산군 금마면 지태순 누님이 이름 모를 병으로 죽음을 앞두고 나를 찾아와서 남편의 묘소를 이장하라고 하여 이장 후 완쾌되었고 김순례 씨 친정부모님도 부모님 묘소 4기를 이장하여 위암이라고 진단을 받았으나 현재 살아계시어 아무 아픔 없이 살고 있다.

전주 남노송동 소병한씨 공무원도 암이라는 진단을 예수병원에 입원 중 어머님 주선으로 묘지를 이장하고 나서 현재까지 무병하게 잘 있고 전주 모 건설회사 선산도 임실에다 잘 안치시켰다. 산소에는 혈장, 혈액, 입수 좌청룡 우백호 주작 현무 좌살 수살, 화살, 목살 피하여 안장하면 무사하니 이런 살이 유골에 접하면 집안이 좋지 않다.

葬理法走馬六壬(장리법주마육임) 十二神殺을줌
通天竅(통천규) 大神吉神을 택해야한다.

순창군 백산리 장류단지 강○○ 씨 댁 선산소인묘지 조성 순창군 광활면 임○○ 씨 조부모님 선산조성 전주 이○○ 씨 선산조성 전구 김암 김○○ 씨 댁 선산조성 정○○ 씨 선산조성 전주 차○

○ 씨 선산 조성 전주 전생규 선산 조성 대구 김정희 교수 선산 조성 울산 박성환 씨 선산 조성 관양 박녹균 씨 선산 조성 천안 손면규 씨 댁 선산 조성 무주 황○○씨 선산 조성 진인 전희상 선산 조성 순창 구림면 전태정 씨 선산 조성 경상남도 부산 광역시 단학무역회사 이상기 사장 장인 장모님 선산 조성

대구 다부동 6·25 참전용사 위령탑 조성

이외에 일반인 묘지 및 이장은 수백 기가 된다.

그렇게 조성을 많이 했으나 모두 잘되어 무사히 잘살고 있으며 박사 의사 판사 검사 사업가 군인 장성경찰 등 각계기관에 종사하고 있다. 필자는 풍수 지리학 1급 자격증 소지자로서 실존실현을 겪고 경험과 더불어서 많은 수행과 직지심경으로서 저서를 쓰고 있으며 일부만 실토한다.

풍수지리는 무엇보다도 발복배재로서 효심孝心이다. 바람과 지리地理는 마음에 즉 일체유심조一切唯心造 모든 것은 마음으로 일고 있으니 효심과 진실을 가리고 오직 굳은 믿음과 같이 정신적 지주가 될 때 비로소 하늘이 돕고 모든 일체가 결집되어서 감각기관을 통하여 어떤 일에 확신을 갖게 되며 맑고 밝은 지혜와 행동이 바로 협력하여 큰 뜻을 이루게 된다. 명당이란 혈장은 있으나 사람이 갖추어 발복이 가능하다. 필자는 말할 수 있다. 그래서 발복이라는 문구는 발이 닳도록 찾아다녀 묘소를 잘 관리해야 알찬 열매를 거둘 수 있다고 말한다.

제 2 장

깨달음의 씨앗=깨끗한 마음

근본의 숨겨진 보배

집착을 떠나서

마음의 티끌

사람들의 성질

현시대의 인생

미혹의 모습을 보면서

성스럽게 바른 길을 가라

꽃을 보면서 배우는 마음공부

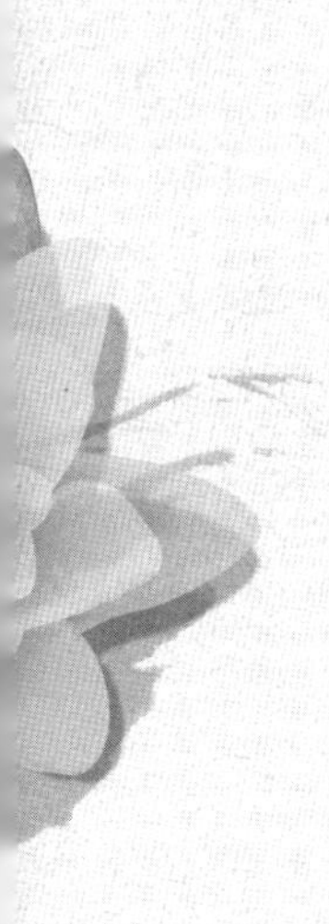

깨달음의 씨앗
=깨끗한 마음

이세에는 참 다양한 사람들이 살고 있다. 마음이 조금 흐려있는 사람도 있고 많이 흐려있는 사람도 있고 현명한 사람도 있고 어리석은 사람도 있다. 착한 성질을 가진 사람도 있고 악한 성질을 가진 사람도 있으며 가르치기 쉬운 사람도 있고 가르치기 힘든 사람도 있다.

그러나 깨달음을 얻는 데 이런 차이는 아무것도 아니다. 세상은 마치 다양한 식물로 가득한 연못과 같다. 붉고 푸르고 노랗고 흰, 물속에서 나서 물속에서 자라 물 밖으로는 나오지 않기도 하고 어떤 연꽃은 수면에 머물러 있기도 하며 어떤 연꽃은 수면 위로 올라와 물에 젖지 않기도 하니 바로 이런 경우와도 같다. 세상에는 또 하나의 구별이 있으니 그것은 바로 남자와 여자의 구별이다. 하지만 남녀의 구별이라고 해도 사람의 본생으로서 차별이 있는 것은 아니다. 남자가 도를 닦아서 깨달음을 얻듯이 여자도 도를 닦았으면 그에 걸맞은 마음의 길을 거쳐서 깨달음에 이를 것이다.

코끼리 다루는 기술을 배우려면 신념 있고 건강해야 하며 부지런하고 거짓이 없고 나아가 지혜로워야 한다. 부처님을 따라서 깨달음을 얻는 데에도 이런 다섯 가지가 있어야만 한다. 이 다섯 가지가 있으면 남자건 여자건 부처님의 가르침을 배우는 데 긴 세월이 필요하지 않다. 사람에게는 모두 깨달을 수 있는 성질이 갖추어져 있기 때문이다.

깨달음의 길에 들어선 사람들은 자기의 눈으로 부처님을 보고 마음으로 부처님을 믿는다. 그와 마찬가지로 나고 죽는 들판에서 사람들을 오늘날까지 떠돌아다니게 만든 것도 이 눈과 마음이다. 어떤 국왕이 산적들에게 시달려 토벌하려 할 때도 먼저 그 원인을 확인해야만 한다.

사람이 방 안에서 눈을 뜨면 먼저 방 안에 있는 것을 보지 않고 밖의 것만을 보는 것은 없다. 그런데 만일 이 물속에 마음이 있으면 무엇보다도 먼저 물속을 자세히 알아야 하는데 사람들은 물 밖의 것만을 잘 알고 있고 물속에 대해서는 거의 아무것도 알지 못한다. 또한 만일 마음이 물 밖에 있다고 하면 물과 마음이 서로 떨어져서 마음이 아는 것을 몸은 알지 못하고 몸이 아는 것을 마음이 알지 못할 것이다. 그런데 실제로는 마음이 아는 것을 몸이 느끼고 몸이 느끼는 것을 마음이 잘 알고 있기 때문에 마음이 몸밖에 있다고도 할 수 없다. 도대체 마음의 본체는 어디에 있는 것일까?

원래 모든 사람들이 시작을 알 수 없는 아주 먼 옛날부터 업의 고삐에 묶여서 미혹을 거듭하고 있는 것은 두 가지 근본을 모르기 때문이라고 말한다.

하나는 생사의 근본인 미혹한 마음을 자기의 본성이라 생각하고 있다는 것, 또 하나는 깨달음의 본성인 깨끗한 마음이 미혹한 마음 뒤에 숨은 채로 자기에게 갖추어져 있다는 사실을 모르는 것이다.

주먹을 쥐고 팔을 들어올리면 눈은 이것을 보고 마음은 이 일을 안다. 그러나 그 아는 마음은 진실한 마음이 아니다. 구별 짓는 마음은 탐욕에서 일어나며 자신의 처지를 미리 계산하는 마음이고 연緣을 만나서 생기는 마음이어서 진실한 본체가 없고 변해가는 데에서 고통을 만드는 미혹이 생긴다.

다음에 그 주먹을 펴면 마음은 주먹이 펴진 것을 안다. 움직이는 것은 손일까 마음일까 아니면 그 어느 쪽도 아닌 것일까. 손이 움직이며 마음도 움직이고 또 마음의 움직임을 따라서 손도 움직인다. 그러나 움직이는 마음은 마음의 표면이지 근본마음은 아니다.

모든 사람들에게는 티 없이 깨끗한 본체마음이 있다.

그것이 밖의 인연에 의하여 일어나는 미혹의 티끌로 덮이고 가려 있는 것이다. 그러나 어디까지나 미혹한 마음은 객客이지 주主는 아니다.

달은 잠시 구름에 가려져도 구름에 더러워지거나 흔들리지 않는다. 그러므로 사람은 떠다니는 먼지 같은 미혹한 마음을 자기의 본성이라 생각해서는 안 된다.

또 사람은 흔들리지 않고 더러워지지 않는 깨달음의 본래 마음에 눈떠서 진실한 자기로 돌아가야만 한다. 떠돌아다니는 미혹한 마음에 사로잡힌 채 뒤바뀐 견해에 쫓겨 다니고 있기 때문에 미혹의 거리를 해매는 것이다. 마음이 미혹이나 티끌은 탐욕과 그 변화하는 바깥세계의 연緣으로 말미암아 일어나는 것이다. 아무리 연이 스쳐간다고 하여도 그에 개의치 않고 영원토록 흔들리지 않는 순수한 마음이야말로 마음의 본체이고 주인인 것이다.

객이 떠났다고 해서 여관이 없어졌다고 말할 수 없듯이 연에 의하여 생겨나고 멸하는 분별심이 없어졌다고 해서 자기가 없어졌다고 말할 수는 없다. 바깥의 연에 의하여 변해가는 분별심은 마음의 본체가 아니다.

여기 태양이 솟으면 환해지고 태양이 지면 어두워지는 강당을 생각해 보자. 밝음은 태양에서 오고 어둠은 밤에서 온다고 말할 수 있다. 하지만 그 밝음이나 어둠을 아는 힘은 어디에서 온다고 해야 할까 마음의 본성이나 본체에서 온다고밖에는 달리 말할 수 없다.

태양이 떠올라서 환하다고 보는 것도 한때의 마음이고 태양이 져서 어둡다고 보는 것도 한때의 마음이다.

이와같이 밝고 어둠이라는 밖의 면에 이끌려서 밝고 어둠을 아는 마음이 생기지만 밝고 어둠을 아는 마음은 한때의 마음이지 마음의 본체는 아니며 그 밝고 어둠을 아는 힘의 근본이 마음의 본체이다.

밖의 인연에 끌려 생기거나 멸하는 선악과 애증의 감정은 사람의 마음에 쌓인 티끌에 의해서 일어나는 한때의 마음인 것이다.

번뇌라는 먼지에 싸여 있으면서도 물들지도 더러워지지도 않는 티 없이 깨끗한 본래의 마음이다. 둥근 그릇에 물을 담으면 둥글어지고 네모난 그릇에 물을 담으면 네모가 된다. 그러나 본래 물에는 둥글거나 네모진 형태가 있는 것은 없다.

그런데 모든 사람들은 이런 일을 잊어 버린 채 물의 형태에만 집착하고 있다.

사람은 착하다 악하다 좋다 나쁘다 있다 없다를 생각하며 그 생각의 부림을 받고 그 견해에 묶여 밖의 것을 쫓아다니며 괴로워하는 것이다.

속박당한 가공적이고 거짓된 견해를 밖의 연緣에 돌려주고 속박당한 적이 없는 자기의 본성으로 돌아오면 몸과 마음은 번뇌에 방해받지 않는 자유로운 경지를 얻는 것이다.

근본의 숨겨진 보배

인간人間은 티 없이 깨끗한 본래의 믿음을 불성佛性이라 한다. 즉 부처가 될 수 있는 씨앗이다.

종이에 렌즈를 들이대고 태양빛 아래서 불을 일으킬 때 과연 그 불은 어디서 오는 것일까? 태양과 렌즈는 서로 멀리 떨어져 있으며 태양의 열기가 렌즈를 연緣으로 하여 종이에 나타난 것만은 의심할 수 없다. 또 아무리 태양이 내리쪼여도 종이에 불이 붙는 성질이 없다면 종이에는 불이 붙지 않는다.

이제 부처님을 낳는 근본인 불생(종이)에 부처님의 지혜(렌즈)를 대면 부처님(불)은 불성이 열리는 믿음(불)으로서 사람들(종이)에게 불길이 붙게 된다. 부처님은 그 지혜의 렌즈를 들어 세계에 대게 되므로 온 세상에 믿음의 불길이 타오르는 것이다.

사람들은 이와 같이 본래 갖추어져 있는 깨달음의 불성에 등을 돌리고 번뇌의 티끌에 얽매여 사물의 좋고 나쁜 모습에 집착당하고 자유롭지 못하다며 괴로워하고 한탄한다. 왜 사람들은 깨달음의 마음을 본래부터 갖추고 있으면서도 거짓을 낳고 불성의 빛을 감추며 고통스러운 미혹의 세계를 해매고 있는 것일까 필자는 더욱더 부탁하고 싶다.

그러므로 쌓여온 망상이 그치면 깨달음은 스스로 돌아보며 깨달음을 떠나서 망상이 달리 있는 것이 아님을 알게 된다.

그리고 한번 깨닫기만 하면 본체망상도 없고 깨달아진 것도 없음을 알아차리게 되니 이 얼마나 신기한 일인가.

이 불성은 다하는 일이 없다. 설령 축생의 세계에 태어나거나 악귀가 되어 고통받거나 지옥에 떨어져도 이 불성은 사라지지 않는다. 더러운 몸 안에서도 더럽혀진 번뇌의 밑바닥에도 불성은 제 빛에 휩싸인 채 결코 소멸되지 않고 숨겨져 있다.

옛날 어떤 사림이 친구 집에 갔다가 술에 취해 잠들어 버렸다. 그때 마침 친구가 급한 일로 여행을 떠나게 되었다.

친구는 그 사람의 장래를 염려하여 값비싼 보석을 그 사람 옷깃에 넣고 꿰맨 뒤에 집을 나섰다. 술에서 깨어난 그 사람은 그곳을 떠나 멀리 타국을 방랑하였다. 하지만 제 옷 속에 보물이 있다는 사실은 까맣게 모른 채 굶주리고 헐벗으며 몹시 힘들게 지냈다. 세월이 지난 뒤에 두 사람은 다시 만났고 그때 친구는 "자네 옷깃에 꿰매 넣은 보석을 쓰도록 하게."라고 일러주었다. 이 비유처럼 사람은 생사 문제로 고통받으면서 해매고 있지만 불성이라는 값진 보석은 번뇌의 옷깃에 조금도 물들지 않고 있다. 사람들이 비록 제 마음속 깊이 더할 수 없이 고귀한 불성을 지니고 있는 것을 모르고 타락해도 부처님께서는 그중에서 극소수라도 잠재의식 속에 부처의 공덕을 갖추고 있는 것을 알기 때문에 그 사람에게서 결코 신뢰를 잃지 않으신다. 그런데 사람들은 어리석음에 뒤덮여 자기의 불성을 보지 못하기 때문에 부처님은 사람들에게 그 망상을 떠나게 하고 본래부터 부처님과 조금도 다르지 않다고 가르치고 알려주신다.

여기서 말한 부처님은 이미 완성된 부처님이고 사람들은 장차 이루어질 부처님일 뿐 그 밖에는 조금도 다를 것이 없다. 그러나 장차 이루어질 부처님이라고 하여 이미 부처가 되었다는 말은 아니다. 자신이 이미 도를 이룬 양 생각한다면 그것은 큰 잘못을 저지르는 것이다. 불성이 있다 하여도 닦지 않으면 나타나지 않으며 나타나지 않으면 도를 이룬 것이 아니기 때문이다.

옛날 어떤 왕이 앞을 보지 못하는 맹인들을 불러 모아놓고 그들에게 코끼리를 만져보게 하였다. 그런 뒤에 한 사람 한 사람에게 코끼리가 어떻게 생겼는지를 말해보도록 하였다. 그러자 상아를 만진 사람은 코끼리는 큰 당근처럼 생겼다고 하고 코를 만진 사람은 절구처럼 생겼다고 하고 다리를 만진 사람은 절구통처럼 생겼다고 하고 꼬리를 만진 사람은 밧줄 같다고 대답하였다. 이런 식으로 아무도 코끼리를 제대로 파악하지 못하였다.

사람을 보는 것도 이와 같아서 사람의 한쪽만 접해보고는 그 본성인 불성을 알아맞히기란 쉬운 일이 아니다.

숨을 거두어도 없어지지 않고 번뇌 속에 있어도 그에 물들지 않고 그러면서도 영원히 멸하지 않는 불성을 찾으려면 부처님과 부처님의 숭고한 가르침에 의하지 않고는 절대로 불가능한 일이다.

집착을 떠나서

사람에게 불성이 있다고 하면서 다른 가르침에서 말하는 영원불멸한 영혼과 같은 것이라고 생각할지 모르나 그것은 잘못이다.

나라는 생각은 집착심 때문에 하게 된 것이지만 깨달은 사람에게는 영원불멸한 나[我]란 부정되어야만 하는 집착이고 불성은 열어서 드러내어야만 하지만 말로 표현할 수 없는 보물이다.

불성은 영원불멸하다고 생각하는 나[我]와 닮은 것 같으면서도 내가 있다라든가 내 것이라든가 할 때의 나는 아니다. 내가 있다고 생각하는 것은 없는 것을 있다고 생각하는 것으로서 뒤바뀐 견해이고 불성을 인정하지 않는 생각 역시 있는 것을 없다고 생각하는 뒤바뀐 견해다. 예를 들어 병에 걸린 어린아이에게 의사가 약을 주면서 이 약이 다 소화될 때까지는 절대로 젖을 주지 말라고 처방을 내린다고 하자.

그러면 어머니는 젖꼭지에 쓴것을 발라 아이가 젖 먹기를 싫어하게 만든다. 그런 뒤에 약이 다 소화되면 젖꼭지를 씻고 아기에게 물리니 어머니의 이런 행동은 제 자식을 아끼는 안타까운 마음에서 오는 것이다. 이와 똑같이 부처님은 세상의 잘못된 생각과 나에 대한 집착을 없애버리기 위하여 영원불멸한 나는 없다고 가르치셨으며 그런 잘못된 견해를 없앴으므로 다시금 참마음인 불성의 실체는 있다고 가르친 것이다. 나에 대한 집착은 미혹으로 이끌고 불성에 대한 믿음은 깨달음에 이르게 한다. 황금이 가득 담긴 상자가 집에 있는 줄도 모르고 어렵게 사는 여인을 가엾게 여겨 그 황금 상자를 파내서 주는 것처럼 부처님은 사람들의 불성을 열어서 그들에게 보인다.

그렇다면 사람들은 모두가 이런 불성을 갖추고 있는데 어째서 빈부귀천의 차별이 있으며 서로 죽이거나 속이는 나쁜 일들이 벌어지는 것일까?

궁궐에서 일하는 의편 장사壯士의 예를 들어보자

어느 날 그가 미간에 자그마한 금강보석을 장식한 채로 씨름을 하였다. 상대방이 그 사람 이마를 치는 바람에 보석이 살 속으로 들어가 부스럼이 생겼다. 장사는 보석이 있었다는 생각은 전혀 하지 못한 채 그저 부스럼을 고치려고 의사에게 보였다. 의사는 한눈에 살 속에 박힌 보석 때문에 생긴 부스럼인 줄 알아차리고 피와 먼지가 묻은 보석을 꺼내서 장사에게 보여주었다. 사람들의 불성도 번뇌라는 티끌에 가려 보이지 않고 있으나 좋은 스승에 의하여 다시금 찾아내어지는 것이다.

이와 같이 불성은 있어도 욕심과 성냄과 어리석음 때문에 가려지고 업과 과보에 묶여서 미혹한 지경에 놓이는 것이다. 그러나 불성은 실제로는 잃어버리거나 부서지지 않으니 미혹을 없애면 다시 드러나게 된다. 의사가 제 살과 피에 가려서 잃어버린 줄 알았던 보석을 반사경으로 보고서 끄집어내어 장사에게 준다.

두 눈으로 그것을 보았듯이 사람들도 부처님의 빛으로 번뇌에 묻힌 불성을 보게 될 것이다.

붉은색 흰색 검은색 갖가지 다른 빛깔의 털을 가진 어미 소들이 있다고 하자. 하지만 젖을 짜면 전부 흰색이듯이 아무리 서로 다른 처지에 놓여있고 전혀 다른 생활을 하고 있으며 그 업의 과보가 서로 다를지라도 사람들은 똑같은 불성을 갖추고 있다.

예를 들면 히말리야 산의 우거진 풀 속에 아무도 찾을 수 없는 아주 귀한 약초가 있다고 하자. 그런데 아주 오랫동안 사람들이 찾아 헤매고도 못 찾았으나 마침내 현자 한 사람이 그 향기를 따라 약초가 있는 곳을 발견하고는 통을 하나 만들어서 약초를 캐내 모아두었다. 그러나 그 사람이 죽은 뒤에 약은 그대로 산에 있는 샘물에 파묻혔고 통속에 든 약초는 썩어 흘러내리니 흘러내린 곳마다 맛이 뒤섞이는 바람에 그 맛은 제각각 달라졌다.

이처럼 불성도 번뇌의 우거진 수풀에 덮여있으므로 사람들이 손쉽게 찾아내지 못한다. 부처님이 처음으로 그 수풀을 헤치고 그들에게 보여주셨다. 불성은 오직 달콤한 맛 한 가지인데 번뇌 때문에 여러 가지 맛을 내고 사람들은 여러 가지 서로 다른 삶을 살아가는 것이다.

이 불성은 금강석처럼 단단하기에 파괴할 수 없다. 차라리 모래나 자갈에 구멍을 낼 수는 있을지언정 금강석의 구멍을 낼 수는 없다.

사람의 몸과 마음은 부서지는 일이 있을지언정 불성은 부서지지 않는다.

불성은 실로 가장 훌륭하고 여자는 뒤떨어진다는 세상의 편견도 있으나 부처님의 가르침에서는 남녀를 불문하고 이 불성에는 차이가 없다. 황금의 광석을 녹여서 그 찌꺼기를 버리고 잘 일면 순결한 황금이 된다. 마음의 광석을 녹여서 번뇌의 찌꺼기를 빼버리면 누구라도 똑같은 불성을 열어 나타낼 수가 있다.

마음의 티끌

불성을 에워싸서 더럽히는 번뇌에는 두 가지가 있다. 하나는 이치를 밝게 알지 못하는 이기적 측면의 번뇌이다. 사람들은 잘못된 논리와 무모한 행동이 인간성人間性을 더럽히는 두 가지의 번뇌라고 생각 하지만 모든 번뇌의 근본이 되는 것은 무명無明과 애욕愛慾이다. 잘못된 논리와 무모한 행동을 낳는 무명과 애욕은 모든 번뇌를 낳는 힘을 갖고 있다. 그리고 이 두 가지가 하나로 어울려 모든 불행의 원천이 된다.

무명이란 무지無知를 말하는 것인데 사물의 도리를 분별하지 못하기 때문에 생존욕에 굴복해서 온갖 것에 집착한다. 애욕이란 격한 욕망을 말하며 보거나 듣는 모든 것을 탐내는 욕망이기도 하고 나아가서 죽음을 바라는 그런 욕이기도 하다.

무명 애욕을 바탕으로 탐욕, 성냄, 어리석음, 그릇된 견해, 원한, 질투, 아부, 자만, 오만, 비방, 방종, 이기심과 같은 온갖 번뇌들이 생겨난다.

탐욕이 생기는 것은 마음에 만족감을 채우려는 바르지 못한 생각을 품기 때문이다.

성내는 마음이 생기는 것은 마음에 들지 않는 것을 보고 바르지 못한 생각을 품기 때문이다. 어리석음은 해야 할 일과 해서는 안 되는 일을 판단하지 못하는 데서 일어난다. 이 탐욕과 성냄과 어리석음은 세상의 세 가지 불이라 한다. 탐욕의 불은 욕망에 빠져 진실한 마음을 잃은 사람을 태우고 성냄의 불은 화를 내면서 참된 마음을 잃은 사람을 태우며 어리석음의 불은 마음이 미혹하여 부처님의 가르침을 명심하지 못한 사람을 태운다.

실로 이 세상은 온갖 불로 타오르고 있다. 탐욕의 불, 성냄의 불, 어리석음의 불, 맹목적인 정열과 이기심의 불, 생로병사의 불, 근심 걱정의 불, 슬픔과 괴로움의 불 등등 갖가지 불에 활활 타고 있다. 이 번뇌의 불들은 자신을 태울 뿐만 아니라 다른 사람도 괴롭히고 몸과 입과 뜻의 세 가지 악생으로 이끌어간다. 그리고 이 불로 인해 생긴 상처 고름에 닿으면 독이 퍼져 끝내 악한 길에 떨어지고 만다.

탐욕은 만족을 얻고자 하는 마음에서 생기고 성냄은 만족을 얻지 못한 마음에서 생기며 어리석음은 깨끗하지 못한 생각에서 일어난다. 탐욕은 허물은 적지만 버리기가 쉽지 않고 성냄은 허물은 크지만 버리기는 쉽다. 어리석음은 허물도 크고 버리기도 쉽지 않다. 따라서 사람들은 언제 어디서나 어떤 대상이 마음에 들어도 그 모습을 바르게 생각하고 마음에 들지 않은 것을 보더라도 마음을 자제하여 부처님의 자비심을 키우며 이 세 가지 불을 꺼야만 한다. 사람들이 바르고 맑으며 사사로운 감정을 떠나 자비심으로 넘쳐흐른다면 번뇌가 뿌리를 내리는 일은 없으리라.

탐욕과 성냄과 어리석음은 뜨거운 열과 같다. 누구든지 이 열을 가지고 있다면 아무리 넓고 쾌적한 방 안에 누워 있어도 그 열에 시달려 잠을 이루지 못하고 번뇌할 수밖에 없다.

이 세 가지 번뇌가 없는 사람은 추운 겨울밤 나뭇잎만을 얇게 깐 침상에서도 쾌적하게 잠들 수 있고 무더운 여름밤 사방 문이 꼭꼭 닫힌 비좁은 방 안에서도 편안하게 잠잘 수 있다.

세 가지 번뇌가 있어 이 세상 사람은 슬퍼하고 괴로워한다. 슬픔과 괴로움의 근원인 이 세 가지 번뇌는 계율과 마음의 통일과 지혜로 끊어진다. 계율은 탐욕은 탐욕의 더러움을 벗겨버리고 올바른 마음의 통일은 성냄의 먼지를 벗겨내며 지혜는 어리석음의 때를 씻어버린다.

인간人間의 욕심은 한도 끝도 없다. 소금물을 마시면 더욱 더 목이 마르듯이 욕심을 부르는 사람은 영원히 만족할 줄 모르고 오히려 갈증만 더해갈 뿐이다.

사람은 욕심을 채우려 하지만 불만이 점점 쌓여 초조해진다.

욕심은 결코 채울 수 없다. 그러다보니 결코 가라앉힐 수 없는 불안과 초조에 시달리고 만족하지 못했을 때에는 마음이 미칠 것만 같아진다. 사람은 욕심 때문에 다투고 욕심 때문에 싸운다. 왕은 왕끼리 신하는 신하끼리 어버이와 자식끼리 형제와 자매끼리 동료끼리 이 욕심 때문에 눈이 어두워 서로 다투고 서로 죽인다. 또 사람은 욕심 때문에 신세를 망치고 도둑질하고 사기치고 삿된 음욕에 빠진다. 때로는 잡혀가서 망신을 당하고 형벌을 받는다.

또 사람은 한때의 만족이 종국에는 불행과 고통이 될 것을 잘 알면서도 욕심 때문에 몸과 입과 뜻으로 자꾸만 죄를 지으니 살아서도 고통을 받고 죽어서 다음 세상에 가서도 온갖 괴로움을 받게 된다.

애욕은 번뇌의 왕이요 온갖 번뇌가 이를 따른다. 애욕은 번뇌의 싹을 움트게 하는 토양이요, 온갖 번뇌를 낳는다. 애욕은 선善을 잡아먹는 귀신이어서 모든 선을 죽여 버린다. 애욕은 꽃밭에 숨어든 독사이니 욕망의 꽃을 탐내는 사람은 그 독사에 물려 목숨을 빼앗긴다. 애욕은 나무를 시들게 하는 넝쿨이니 사람의 목을 칭칭 감아 질식하여 죽게 한다. 애욕은 사람의 마음에 빨대를 꽂아 넣어 선의 즙을 빨아먹고 시들어 죽게 한다.

애욕은 악마가 던진 먹이이니 이것에 걸려든 사람은 악마의 길로 빠져든다. 굶주린 개에게 피를 바른 뼈를 던져주면 그 개는 그

것을 뜯느라 애를 쓰다가 끝내 지쳐 쓰러지고 만다. 애욕에 빠진 사람도 뼈를 뜯는 개처럼 기진할 때까지 탐닉하게 된다.

고기 조각 한 점 때문에 동물들은 서로 물어뜯고 싸운다. 횃불을 들고 바람을 마주 보고 선 어리석은 사람은 결국 자기 자신을 태운다. 고기조각을 놓고 싸우는 짐승처럼 횃불로 제 스스로를 태우는 어리석은 사람처럼 사람들은 욕심 때문에 제 몸을 다치고 제 몸을 스스로 망가트린다. 밖에서 날아오는 독화살은 막을 수 있으나 안에서 자라나는 독화살을 막을 길이 없다. 욕심과 성냄과 어리석음과 교만은 모두 안에서 자라난 독화살이며 이 독화살은 마음속에서 생겨 제 마음을 치명적인 독으로 물들인다.

마음에 탐욕과 성냄과 어리석음이 있을 때 입으로는 거짓말과 욕설과 이간질하는 말과 진실이 담기지 않은 말을 하게 되고 몸으로는 살생과 도둑질과 강간을 범하게 된다.

뜻으로 짓는 세 가지 악한 입과 입으로 짓는 네 가지 악한 업 그리고 몸으로 짓는 세 가지 악한 업을 합하여 열 가지 악업이라고 한다.

알면서도 거짓을 말하게 되면 어떠한 나쁜 일이라도 저지르고 만다. 나쁜 짓을 행하기 앞서 거짓말을 하지 않을 수 없고 거짓말을 하게 되기 때문에 태평스럽게 나쁜 짓을 하게 되는 것이다.

사람의 탐욕과 애욕 두려움과 성냄은 모두 어리석음에서 오며 불운과 불행도 어리석음에서 온다.

어리석음은 실로 이 세상의 가장 지독한 독이라고 필자는 생각하며 착한 마음은 맑고 밝은 지혜를 창출시키며 화목한 생활을 할 수 있게 한다.

사람은 번뇌에 의하여 업을 일으키고 업에 의하여 괴로움을 불러들인다. 번뇌와 업과 괴로움은 끊임없이 돌고 도는 수레바퀴와 같다.

이 바퀴의 회전에는 처음도 없고 끝도 없다.

그리고 사람은 이런 윤회에서 어떻게 빠져나와야 하는지 알지 못한다. 영겁토록 빙빙 도는 윤회의 수레바퀴에 실려 사람은 현재의 삶에서 다음 생의 삶으로 영원히 태어나고 죽기를 반복해간다. 한 사람이 끝없이 윤회하는 동안 태워버린 자신의 뼈를 쌓아올린다면 높은 산이 될 것이고 또 그동안 먹은 어머니의 젖을 모은다면 바닷물처럼 많을 것이다.

사람에게 불성이 있다고는 하나 번뇌의 진흙이 너무나도 깊어 그 싹이 트기가 쉽지 않다. 열성의 싹이 트지 않기 때문에 사람들의 고통과 비참한 삶은 끝이 없다.

사람이 탐욕에 굴복하는 한 분노와 어리석음과 사악한 행위가 쌓이고 이런 상황이 끝없이 재생하지만 부처님의 가르침을 따르면 악의 근원이 사라지고 이 괴로운 세상에 다시 태어나지 않는다.

필자는 수행자로서 그동안 번뇌 망상에서 수없이 많은 수모와 고통에 끄달려 어려운 일들이 있었으나 불성을 다져온 정신적 지주로써 살아왔다. 이제 좀 더 부처의 본심으로 돌아가서 사회에 헌신하고 싶은 마음이다.

사람들의 성질

사람의 성질은 출구를 찾을 수 없는 덤불과 같아서 알기 어렵다. 차라리 동물의 성질을 아는 것이 더 쉬우리라. 이렇게 사람의 알기 어려운 성질은 현저한 차이점에 따라서 네 종류로 나눌 수 있다.

우선 필자는 심리학을 전공하여 공인 1급 자격 취득을 하였기에 인간人間의 성질본분을 정리하고자 한다. 첫째는 스스로 괴롭게 하는 사람인데 그는 잘못된 가르침을 받아서 고행한다. 둘째는 남을 괴롭히는 사람인데 살아있는 것을 죽이거나 주지 않는 것을 훔치거나 그 밖에 온갖 잔인한 짓을 서슴지 않는다. 셋째는 자신도 괴롭히고 동시에 남도 괴롭히는 사람이다. 넷째는 자기 스스로 괴롭히지도 않고 남도 괴롭히지 않는 사람으로 탐욕과 성냄과 어리석음을 떠나 편안하게 살아가면서 부처님의 가르침을 지켜 살생도

하지 않고 훔치지 않으며 깨끗하게 행동하는 사람이다.

또 이세에는 세 종류의 사람이 있으니 바위에 새긴 글자 같은 사람 모래에 쓴 글자 같은 사람 물 위에 쓴 글자 같은 사람이다. 바위에 새긴 글자 같은 사람이란 자주 화를 내고 오랫동안 분노를 품고 있어서 그 분노가 바위에 새겨놓은 글자처럼 지워지지 않는 사람이 있고 모래에 쓴 글자와 같은 사람이란 화를 자주 내기는 하지만 그 화가 모래 위에 쓴 글자처럼 빨리 없어지는 사람이다. 물 위에 쓴 글자와 같은 사람은 물 위에 아무리 글을 쓰나 물에 씻겨 버려 그 형태를 남기지 않듯이 남한테 욕설이나 불쾌한 말을 들어도 조금도 마음에 흔적을 남기지 않고 온화한 마음이 넘쳐나는 사람이다.

이밖에도 세 종류의 사람이 있다.

첫 번째 사람은 그 성질을 알기 쉽고 오만하며 경솔하고 결코 만족할 줄 모르는 사람이다.

두 번째 사람은 그 성질을 알기 어렵고 겸손하여 모든 일에 착실한 사람이다.

세 번째 사람은 그 성질을 알 수 없고 자신의 번뇌를 완전히 없애버린 사람이다.

이처럼 다양하게 사람을 나눌 수 있으나 실은 사람의 성질을 쉽게 알 수 없다. 오직 부처님만이 높은 지혜로 이 성질들을 알아서 여러 가지 가르침으로 나타난다.

현
시대의
인생

인생을 비유한 이야기가 있다. 어떤 사람이 강물에 배를 띄우고 물이 흐르는 대로 흘러가고 있다 하자.

그때 강 언덕에 있는 어떤 사람이 소리를 질렀다.

“그만두시오! 그렇게 구유에 즐겁게 타고 흘러 내려가면 큰일나오. 하류에는 물살이 세고 소용돌이가 치고 있는 데다 바위동굴에 악어와 무서운 야차가 살고 있는 못이 있소. 그대로 흘러내려 가면 죽고 말것이오.”

이 비유에서 강물의 급류는 애욕의 생활을 말하며 즐겁게 급류를 타고 흘러내려 가는 것은 자신에게 집착하는 것이며 물살이 세다는 말은 고통으로 가득 찬 삶을 의미하고 소용돌이는 쾌락을 뜻하고 악어와 무서운 야차는 애욕의 죄로 말미암아 파멸해버리는 삶을 가리키며 강 언덕에 서 있던 사람은 부처님을 의미한 뜻이라고 말한다.

비유를 하나 더 말씀 드리고자 한다.

죄를 짓고 도망치는 어떤 남자가 있었다. 그를 쫓는 사람들이 뒤에서 바짝 따라오자 그는 필사적으로 살길을 찾았다. 그러다 문득 아래를 보니 그곳에는 등나무 덩굴이 드리워진 우물과 같은 곳이 있어 남자는 덩굴 속에 몸을 감추고 등나무를 움켜잡고 숨었다. 그런데 그 우물 속에는 큰 독사뱀이 우글대고 있었으며 더 이상 내려가지 못하고 있는데 팔은 힘없이 등나무를 잡고 지탱하여야 할 때 어디서 흰쥐와 검은 쥐 두 마리가 와서 등나무를 갉아먹고 있다.

등나무는 끊어질 지경인데 천장에서 달콤한 꿀물이 잎에 떨어져 삼키니 달콤하였으나 잠시 위태로움을 잊고 있었으며 등나무 넝쿨이 끊어지기라도 하면 아래로 떨어져서 뱀의 먹이가 될 참으로 진퇴양난에 처해 있다.

이 비유에서 남자는 홀로 태어났다 홀로 죽는 고독한 인간의 모습을 상징하며 쫓아오는 사람이나 독사는 탐욕으로 가득 찬 자신의 육신을 말한다.

우물에 걸쳐진 등나무 덩굴은 지속되는 사람의 생명을 말하고 검고 흰 두 마리의 쥐는 세월 즉 밤과 낮을 나타내며, 달콤한 꿀은 눈앞에 펼쳐지는 육신의 쾌락을 의미했으니 이 세상 무상의 삶에 나라는 실상도 없이 모든 것은 윤회에 돌고 있다.

또 하나 비유를 들어보자 왕이 상자 하나에 독사 네 마리를 넣고 한 남자에게 명하였다. "이 독사를 잘 길러라. 하지만 만일 한 마리라도 성나게 하면 그대의 목숨을 내놓아야 한다." 남자는 왕의 명령이 두려워 뱀이든 상자를 버리고 도망친다.

남자가 도망친 것을 안 왕은 신하 다섯 명에게 그 뒤를 쫓으라고 명하였다. 신하들은 남자를 쫓아가서 달콤한 말로 속여 그를 데려가려고 하였다. 하지만 남자는 이런 속임수에 속지 않았고 다시 도망쳐서 어떤 마을로 들어가 숨을 집을 찾았다.

그때 하늘에서 이런 소리가 들려왔다.

이 마을에는 아무데도 안전한 집이 없다. 더구나 오늘 밤은 도적이 여섯 명이 와서 덮칠 것이다. 그는 놀라서 다시 그곳에서 도망쳤다. 그렇게 도망치다 이윽고 거센 물결을 일으키며 세차게 흘러내리는 강을 만났다. 강을 건너기가 아주 위험했지만 이쪽에 머물러 있다가 당할 피해가 더 두려워서 남자는 뗏목을 만들었다.

그리하여 뗏목을 타고 가까스로 성난 강물을 건너고서야 마음을 놓았다. 다음 네 마리 독사를 가둔 상자는 흙, 물, 불, 바람의 사대요소로 이루어진 육신을 말한다.

몸을 탐욕에 빠지고 마음의 적이므로 그는 이 몸을 피하여 도망쳤던 것이다.

그를 잡으려는 다섯 명의 신하들은 역시 이 육신과 마음을 이루고 있는 형체, 감정, 지각, 의지, 의식이라는 다섯 가지 요소라 말할 수 있다.

숨을 안전한 집이란 전혀 안전하지 못한 눈, 귀, 코, 혀, 몸, 의지의 여섯 가지 감각 기관을 뜻하며 여섯 사람의 도적이란 이 감각기관에 대한 여섯 가지 대상 즉 색, 소리, 냄새, 맛, 촉감, 법을 말한다. 이와 같이 모든 감각기관 조차도 위험한 것을 알고 다시 도망쳤지만 물결이 거센 강을 만난다. 이것은 번뇌가 소용돌이치는 삶에 부딪침을 의미한다. 남자는 다시 사나운 번뇌의 강에 부처님의 가르침을 뗏목으로 삼아 평온하고 안전한 피안에 이른 것이다.

세상에 엄청난 재난이 세 가지가 있으니 이때에는 어머니도 자식을 구하지 못하고 자식도 어머니를 구하지 못한다. 세 가지 재난이란 불의 재난, 물의 재난, 그리고 무수무시한 도적들에게 당하는 재난이다. 하지만 이 세 경우는 어머니와 자식이 서로 도울 수 있는 기회가 아주 없는 것은 아니다.

그러나 또 다른 세 가지 경우가 있으니 이때에는 절대로 어머니와 자식이 서로 구해주지 못한다. 그것은 바로 늙음의 두려움과 병의 두려움, 죽음의 두려움이 닥쳐왔을 때이다. 어머니가 늙어가는 것을 자식이 어떻게 대신할 수 있겠는가. 자식이 앓는 모습이 안타까워 눈물을 흘릴지라도 어머니가 어떻게 자식을 대신하여 아플 수 있겠는가. 아무리 모자지간이라 해도 이런 경우에는 절대로 서로 도울 수 없는 것이다.

이세에서 못된 짓을 하다 죽어서 지옥에 떨어진 죄인에게 염라대왕이 물었다.

“너는 인간 세계에서 살면서 어떤 천사 세 명을 만나지 못했는가?” “네, 대왕님이시여 저는 그런 분들을 만난 적이 없습니다.”

“그렇다면 너는 늙어서 허리가 굽고 지팡이를 짚고 비틀거리는 사람을 본 적이 없단 말이냐?”

“대왕이시여, 그런 노인이라면 얼마든지 보았습니다.”

너는 그 천사를 만나고서도 네 자신도 늙어가는 몸이요 서둘러 네 길을 바꾸어 착한 일을 하지 않으면 안 된다는 것은 생각지 않았다. 그래서 오늘의 업보를 받게 되었다.

너는 병에 걸려 여위고 초라하고 의지할 데도 없는 사람을 본 적이 없었느냐? 대왕이시여 그런 병자라면 얼마든지 보았습니다. 너는 그 병자라는 천사를 만나고서도 네 자신을 언젠가는 병들 수밖에 없다는 사실을 생각지 않고 너무나도 어리석게 굴었다. 그래서 이 지옥으로 오게 된 것이다. 그리고 너는 네 주위에서 죽은 사람을 보지 못했느냐? 대왕이시여 죽은 사람이라면 얼마든지 보았습니다. 너는 죽음을 경고하는 천사를 만났으면서도 죽음을 생각지 않고 착한 일에 게을렀다.

그래서 이런 업보를 받게 되었다. 네가 만일 그 사람들이 천사임을 알아보고 그들의 충고를 받아들여 처신을 고쳐 착한 일을 했다면 이 고통을 받으러 여기에 오지 않았을 것이다.

카사코타미라는 젊은 여인이 있었다. 그녀는 유복한 집의 안주인이었는데 어느 날 끔찍이도 사랑하던 어린 외아들이 세상을 떠나고 말았다. 카사코타미는 슬픔을 견디다 못해 반미치광이가 되어 차갑게 식어버린 시체를 안고 거리로 나섰다. 그녀는 집집마다를 돌아다니며 죽은 자식을 살려달라고 하소연하였다.

사마들은 그저 이 미친 여자를 바라볼 뿐이었다. 때마침 부처님의 신자가 그녀를 보고 기원정자에 계신 부처님을 찾아가라고 일러주었다. 그녀는 황급히 아들의 시신을 안고 부처님 계신 곳으로 달려갔다. 부처님은 불쌍히 여기시어 여인의 모습을 지켜보시다 이렇게 말씀하셨다. 여인이여, 겨자열매만 있으면 이 아이의 병을 고칠 수 있겠다. 그러니 어서 마을에 가서 겨자 몇 알만 얻어오너라. 하지만 지금까지 한 번도 사람이 죽어 간 적이 없는 집에서만 얻어 와야 한다. 제 정신을 잃은 어머니가 겨자를 얻으려고 서둘러 마을로 달려갔다. 그런데 어디서나 쉽게 구할 수 있는 겨자이건만 지금까지 사람이 죽어나간 적이 없는 집은 어디에도 없었다. 결국 겨자를 구하지 못한 채 부처님에게 돌아왔다.

그녀는 부처님의 고요한 모습을 접하는 순간 그제서야 그 말씀의 뜻을 깨달았다. 마치 꿈에서 깨어나듯 정신을 차린 어머니는 어린 아들의 차디찬 시신을 땅에 묻고서 부처님에게 귀의하여 제자가 되었다.

미혹의 모습을 보면서

이 세상 사람들은 인정이 박하여 서로 가까이 지내거나 사랑할 줄을 모른다. 그러면서도 괜한 일로 서로 다투고 지독한 해악과 괴로움 속에 놓인 채 그날 그날 불행하게 살아간다.

재산이 아무리 많거나 적어도 그에 상관없이 사람은 모두가 돈 때문에 괴로워한다.

없으면 없어서 괴로워하고 있으면 있어서 괴로워하며 오로지 탐욕을 위해서만 마음을 쓰니 편안할 날이 없다. 부자는 재산 때문에 걱정한다.

집이 있으면 집 때문에 걱정하고 온갖 다른 소유물이 있으면 그 소유물에 집착하고 또 집착하여 걱정만 쌓여간다. 때로 재난을 만나 곤경에 빠실까봐 걱정하고 도둑에게 빼앗기고 화재에 전 재산을 모조리 잃을까봐 괴한에게 납치 당할까봐 걱정한다.

나중에는 죽음과 재산 처리 문제로 괴로워하다 목숨까지 잃게 된다. 하지만 죽음의 길은 저 혼자 가야 할 뿐 따라가 줄 사람은 아무도 없다.

모든 생각 세상이 자신을 적대시한다고 생각하다가 이윽고 저승 가는 길에 들어서지만 함께 나서는 이 아무도 없이 저 혼자 그 멀고 먼 길을 쓸쓸히 가야 한다.

이 세상에는 다섯 가지 악이 있다. 첫 번째 악은 사람은 물론이요 땅을 기어 다니는 벌레들에 이르기까지 강자는 약자를 넘어뜨리고 약자는 강자를 속이면서 서로 잔인하게 싸우고 있다는 것이다.

두 번째 악은 부모자식 사이에 형제와 부부 친척들 사이에 저마다 분별하고 지켜야 할 도덕을 갖추고 있지 않다는 것이다. 그저 자기만 생각하여 탐욕을 채우고 서로 속이며 진실하지 않다.

세 번째 악은 남녀 간 누구나 할 것 없이 그릇되고 음탕한 생각에 속을 태우며 지켜야 할 도리도 사라진 채 편을 갈라서 다툼을 벌이며 이치에 맞지 않는 부정하고 사악한 짓만을 거듭하고 있다는 것이다. 네 번째 악은 서로 존경할 줄은 모르고 자기만 잘났다며 으스대고 남에게 해를 입히고도 돌아보지 않는다는 것이다. 거짓말하고 욕하고 이간질하는 말을 하면서 서로 상처를 입힌다.

다섯 번째 악은 다른 사람에 대한 의무를 이행하지 않는 짓이다.

모두 남에게서 받은 은혜도 모르고 그저 욕심나는 대로 행동하여 남에게 피해를 입히고 결국에는 큰 부정을 저지른다.

사람은 서로 동정하고 존경하고 어려울 때 베풀어주며 살아야 하는데 그렇지 못하고 이기적이고 매정하며 남의 결점을 보고 경멸하며 서로 미워한다. 처음에는 사소한 감정에서 싸움이 시작되지만 시간이 흐를수록 다툼은 더욱 커져 끝내 돌이킬 수 없는 원한으로 쌓인다.

이 세상의 증오심은 서로 상처를 입히기는 해도 금방 폭력을 행사하지는 않는다. 하지만 독한 마음을 품고 분노가 차곡차곡 쌓여 마음속 깊이 새겨져 버리면 수없이 생사를 윤회하면서 서로 해를 입히거나 죽고 죽인다.

사람은 이 애욕의 세계에 홀로 태어났다가 홀로 죽어간다. 내세의 업보를 대신 받아 줄 사람은 아무도 없으니 자기 혼자 그것을 받아야 한다. 인과의 법칙은 절대로 변하지 않는다. 선과 악은 각기 그 과보가 다르니 선한 자에게는 행복을 악한 자에게는 재앙을 가져온다. 그러면서 사람들은 저마다 자기의 업을 짊어지고 과보가 정해진 곳을 향하여 나아간다. 탐욕과 나쁜 버릇과 번뇌의 사슬에 매이면 오랜 세월이 지나도 낙담과 슬퍼하는 마음을 풀지 못한다. 그러한 사슬에 빠지면 죄악에 휘감겨 남과 다투게 되며, 진실한 길에 다가갈 수 없고 사악한 행동으로 수명이 다 되기도 전에 죽음을 맞고 영겁도록 괴로움에 시달리고야 만다.

이런 사람이 하는 일은 자연의 이치에 어긋나고 천지의 도리를 어기는 것이므로 반드시 재앙을 불러오게 되며 이 세상에서처럼 저세상에서도 괴로움에 시달리지 않을 수 없다.

세속의 일이란 속절없이 지나가 버린다. 이런 속에서도 너나없이 쾌락의 포로가 되어 있으니 이 얼마나 한탄할 노릇인가. 이런 괴로움의 세상에서 사람들은 자신만을 생각하며 행동하니 그저 악한 일만 저지르고 착한 일이라고는 할 줄 모른다.

그러므로 더욱 더 고통과 불행의 과보를 받을 수밖에 없게 되니 이것은 자연의 이치이다. 사람들은 오직 자기에게만은 아낌없이 후하고 남에게는 베풀 줄을 모른다. 게다가 탐욕에 이끌려 온갖 사악한 번뇌를 일으키니 그 결과로 인해 다시금 괴로워한다.

세상에 한때 부귀영화는 영원하지 않다. 속절없이 흘러간다. 세상의 쾌락도 무엇 하나 영원한 것은 없다. 그러므로 사람들은 세속에 탐욕과 집착을 접고 젊고 건강할 때 수행하여 참된 깨달음을 추구해야 한다. 대체 깨달음을 찾는 일 말고 무엇에 기대고 무엇에서 즐거워할 것인가?

그런데 많은 사람들은 인과의 법칙을 무시하거나 믿지 않는다. 그들은 이기심과 탐욕의 습관에 젖어 착한 일을 하면 행복을 얻고 악한 일을 하면 불행을 얻는다는 사실을 믿지 않는다. 또 사람이 현세에서 행한 과보에 따라 내세가 결정된다는 사실도 모르고 자신이 행한 죄과에 따라 과보를 받는다는 사실도 믿지 않는다. 그런 사람은 현재 하는 행동이 내세에 미치는 중요성과 지금 겪는 고통이 전생에서 한 행동의 결과라는 이치를 알지 못한 채 오직 눈앞에 일어나는 일만 가지고 울며 불며 한탄하고 매달린다.

영원히 지속되며 변하지 않은 것은 세상에 하나도 없다. 모든 것은 덧없고 예측할 수 없이 변해간다.

사람들은 무명에 빠져 자기만을 집착하고 덧없는 것에 매달려 괴로워할 줄만 알지 바른 가르침을 듣거나 속으로 깊이 생각해 보려고 하지 않는다. 그저 눈앞의 이익에만 정신이 팔려 돈과 애욕에 탐닉하는 것이다.

아득한 옛날부터 한없이 많은 사람들이 고통과 미혹의 세계에 태어났고 지금도 계속 태어난다. 그렇지만 이제 부처님의 가르침을 만나서 믿을 수 있게 되었고 도움을 받을 수 있게 되었으니 다행한 일이다. 그러므로 생각하고 또 생각하여 몸과 마음을 순결하게 하고 탐욕과 악을 멀리하고 선을 힘써 행하지 않으면 안 된다. 이제 다행히도 부처님의 가르침을 만나게 되었으니 누구나 부처님의 가르침을 안 이상 이제는 다른 이를 좇아서 탐욕과 죄악의 포로가 되어서는 안 된다. 또 부처님의 가르침을 자기만의 것으로 삼지 말고 실천하여 이웃에게도 일러주고 친구들께도 일러준다면 사회와 가정은 맑고 행복한 생활을 할 것이다.

성스럽게 바른 길을 가라

어리석은 사람은 아직 건강하다고 언제까지나 건강할 것으로 생각한다. 아직 젊다고 언제까지 젊을 것으로 생각한다. 아직 살아 있다고 언제까지 살 것으로 생각한다. 그러나 사람은 누구나 병들고 고통을 받는다. 지금 나의 젊음도 영원한 것이 아니다. 또 누구나 늙고 병들어 죽는다. 지금 나의 삶도 영원한 것이 아니다. 얼마나 두려운 일인가. 그럼에도 사람들은 어리석어서 늙고 병들어 죽는다는 사실을 알면서도 범행을 닦지 않는다. 젊고 건강하다고 거들먹거리며 방임하고 욕심을 버리지 않는다. 이렇게 깨달은 나는 늙고 병들어 죽는 고통을 극복하기 위해 출가를 결심하게 되었다.

재가 불자에게 수행은 어떤 의미일까?

지난 1월 초 삼일 신중법회 날 거사님이 찾아왔습니다. 한 분은 금연을 결심했고 다른 한 분은 새롭게 불교 공부를 하고 싶다고 필자한테 간곡히 말씀하셨습니다. 새해 새 출발의 의지를 밝힌 두 거사님들에게 필자는 평소에 읽었던 ≪중아함(유연경)≫에 나오는 경전 구절을 들려주었습니다.

부처님 사밧티의 기원 정사에 계실 때 일이다. 어느 날 부처님은 이런 회상을 한다. 왕자로 태어나 세상에 부러운 것 없이 잘 먹고 잘 살 수 있었으나 명예도 부귀영화도 애욕도 다 버리고 육 년의 고행 끝에 영원한 고통과 죽음을 법륜의 진리에서 미혹된 삶을 탈피하고 부처님이 되는 것을 두 거사들께 말씀 드렸다.

한 거사는 30년이나 흡연 습관을 일시에 버리고 오직 부처님과 같이 출가에 버금가는 일이라며 칭찬을 아끼지 않았습니다.

불교 공부를 하고 싶다는 다른 거사님을 수십 년 동안 남부러울 것 없이 잘나가는 직종에 종사 해왔습니다. 하지만 그 역시 나이가 들면서 삶의 이런저런 문제들을 고민하기 시작했고 제게 신앙 상담을 요청했습니다. 그에게도 역시 지금 생각이 부처님의 출가와 전혀 다르지 않다면서 격려해 주었습니다.

매년 2월 8일은 출가절입니다. 해마다 이맘때면 과연 재가 불자들에게 출가란 어떤 것이냐는 생각을 해보게 됩니다. 부처님과 스님들이 그랬던 것과 같이 우선 사랑하는 가족과 결별해야 하는가? 그리고 하던 일을 멈추고 산사로 들어가야 하는가? 모두가 그 길을 간다면 이 세상은 어떻게 되는가? 이런저런 생각을 하다가 내린 결론은 출가에도 종류가 있다는 것이었습니다. 스님으로서 출가와 재가불자로서의 바른 마음을 바탕으로 다른 사람에게 널리 이익되게 하는 일을 시작하는 것 역시 출가의 한 부분이라는 나름의 해석을 하게 됐습니다. 지나온 세월을 돌이켜보며 새로운 삶을 찾으려는 두 번째 거사님의 행동 또한 제가 생각하는 출가의 한 부분입니다. 그는 경전을 읽고 큰스님들의 법문을 들으면서 자신의 내면의 세계를 정화해 가고 있습니다. 또한 이세 이 그물망처럼 얽혀져 있어 나와 남이 둘이 아닌 함께 사는 것이라는 부처님의 가르침을 깨달아 가는 중입니다. 하루가 다르게 깊어가는 그의 신심은 날이 갈수록 나와 남을 이롭게 하는 보살행으로 이어질 것입니다.

게으름 없이 정진하자 이제 이 두거사님은 부처님이 나간 그 길을 걸으며 열반涅槃의 길을 향해 나아갈 것입니다. 부처님은 깨닫고 나신 뒤 45년 간 전법의 길을 걸으셨습니다. 그리고 마침내 탐진치貪瞋癡 삼독의 불길이 꺼진 상태(열반)에 드셨습니다. 음력 2월 15일은 열반절입니다. 이날 두 분 거사님들에게 다음과 같은 부처님 말씀 들려 주려 합니다.

부처님이 사밧티의 기원 정사에 있을 때 부처님의 사촌동생인 팃사 비구가 수행을 게을리하자 이렇게 말했다.

팃사여 어떤 사람이 훌륭한 성을 찾아가고 있었다.

그러나 그는 어리석어서 길을 잘 몰랐다. 그래 길을 잘 아는 지혜로운 사람에게 물었더니 그는 이렇게 가르쳐 주었다. 나그네여 이 길을 따라가다 보면 두 갈래 길이 나올 것이다. 그때 그대는 왼쪽으로 가지 말고 오른쪽으로 한참 가다보면 마침내 그대가 가고자 하는 성에 도착할 수 있을 것이다. 팃사여 여기서 내가 비유로 말한 나그네는 범부를 말하는 것이며 길을 알고 있는 사람이란 여래를 말한 것이다. 바른길이란 곧 바른 견해(正見) 바른 뜻(正思惟) 바른 말(正語) 바른 행동(定業) 바른 생활(正命) 바른 노력(正精進) 바른 생각(正念) 바른 선정(正定)이다. 또 큰 숲이란 무명 깊은 늪이란 오욕락 험준한 산이란 분노와 근심과 걱정을 말하는 것이다. 마지막으로는 길을 자세하게 가르쳐 주고 있으니 게을러서 뒷날 후회하는 일이 있어서는 안 될 것이다.

잡아함저사경에 있는 말씀입니다.

우리가 열반을 성취해야 하는 이유는 참다운 행복을 얻기 위해서입니다. 우리의 삶은 한시도 편할 날이 없어 생로병사生老病死를 비롯한 4고 8고로 가득차 있습니다. 하지만 이것을 괴로운 것으로 알고 거기에서 벗어나 진정한 행복을 믿고자 한다면 열 번을 성취해야 합니다. 두 거사님이 가는 길이 어디 두 갈래 길만 있겠습니까?

깨달으신 부처님은 우리에게 수 많은 길 중에서 다른 길이 아닌

팔정도八正道의 길을 가라고 일러주셨습니다. 가다가 무명無名과 오욕락과 분노와 근심과 걱정을 수 없이 만나리라고 했습니다. 그렇더라도 계속 가다 보면 마침내 열반이 성에 도달하리라는 크나큰 확신을 주셨습니다. 출가절과 열반절이 들어있는 3월입니다. 그리고 곧 부처님 오신 날을 맞이합니다. 부처님은 열반에 들면서 "모든 것은 변하고 무너지나니 게으름 없이 정진하라. 나는 방일하지 않으므로 바른 깨달음을 얻었느니라." 라는 마지막 말씀을 남기셨습니다. 불자로서 나를 점검하고 부처님의 삶을 다시 살펴보기에 더 없이 좋은 이때에 우리 모두 새겨들어야 할 말씀입니다.

꽃을 보면서 배우는 마음공부

우리는 세상에 드러난 형상만을 봅니다. 하지만 자세히 살펴보면 그 속에는 엄청난 아픔과 기다림과 슬픔의 세월을 견뎌낸 노력이 들어 있습니다. 아름다운 꽃들도 그냥 피어나는 듯 보입니다. 그러나 그들도 들여다보면 참으로 오묘한 조화를 담고 있음을 짐작할 수 있습니다. 때에 따라 피는 꽃이 다르지 않은가요? 봄에 바로 피는 꽃들은 백목련, 개나리, 복수초, 매화, 할미꽃, 영춘화, 모란, 철쭉, 벚꽃, 행당화, 진달래, 목련, 수선화, 쇠별꽃, 백정향, 동백 등이 있습니다. 이상의 필자가 모은 꽃들도 많습니다만 또한 여름에 피는 꽃 자귀나무, 족제비서리, 왜우산풀, 톱풀, 박쥐나무, 매화노루발, 초롱꽃, 미국자리공취, 이수리, 활량나무, 떡쑥, 산달래, 고란초, 골무꽃, 덩굴꽃, 마리동자꽃, 더덕꽃, 수염며느리밥풀

꽃, 층층잔대꽃, 곰취꽃, 어수리꽃 등 여러 꽃들이 많으나 대표적으로 이와 같이 여름 꽃들이 있으며 가을 꽃으로는 코스모스, 칼잎용담, 산국, 큰수리취꽃, 향유꽃, 산박하꽃, 섬쑥부쟁이꽃, 흰그늘들쩌귀꽃, 미꾸리낚시꽃, 산좁살풀꽃, 희고리엉겅퀴꽃, 돼지풀꽃, 왕고들빼기꽃, 비수리꽃, 활나무꽃, 쇠무릎 등이 있습니다.

그런데 겨울 동백꽃, 군자란꽃, 시클라멘꽃, 인스리움, 애기동백, 크리스마스, 로즈 프리뮬리 등이 있습니다. 눈 속에 피는 나무 매화, 복수초는 얼마나 아름다운가요! 참 오묘한 것입니다. 그 가운데 우리 불자들뿐 아니라 시인 묵객 등 많은 사람들이 좋아하는 꽃이 매화입니다. 요즘은 매실 엑기스를 만드느라 더욱 익숙하기도 합니다. 티끌 벗기 그리 쉬운일이 아니다(塵勞迥脫事非常) 찬 기운이 뼛속까지 사무치지 않고서야(緊把繩頭做一場) 코끝을 찌르는 매화향기 얻겠는가(爭得梅花撲鼻香) 황벽희운선사黃檗希運禪師의 게송입니다. 당나라의 선승禪僧 백장선사회해의 지도를 받고 황벽산단제선사전 심법요집을 남긴 분입니다. 뒤에 우리에게 더 유명한 임제 의현의 스승입니다. 아름답고 향기로운 매화가 피어나는 때가 찬바람이 쌩쌩 불 때 이후이니 깨달음도 그런 어려움을 겪어야 한다는 가르침입니다. 하지만 요즘은 아무 때나 피게 만드는 힘이 있습니다. 조건이 갖추어지면 피어나는 것입니다. 그러나 그 조건을 갖추려면 많은 노력이 필요합니다. 매의 애벌레는 굼벵이입니다. 싯타르타가 농부의 쟁기날 아래 꿈틀거리다 새에게 물려가는 굼벵이를 보고 인생의 허무함을 느꼈다고 하는 그 벌레입니다. 굼벵이는 땅속에서 7년 17년 살다가 세상에 태어나 1개월 정도 매미로 살다가 간다고 합니다. 참 힘들고 무서운 세월입니다.

그런데 더한 놈이 있습니다. 오래 살다보니 단맛 쓴맛 다 보고 죽는다는 우스갯소리의 주인공인 하루살이란 놈은 땅속에서 3년을 살다가 세상에 태어나 하루를 산다고 합니다. 그렇게 고통을 참으며 살아낸 세월이 있어야 맛있는 과일을 맛보는 것입니다. 우리가 성인으로 자라나 공부를 마치고 하고자 하는 일을 해서 성공하기까지는 하루살이나 매미가 기다렸던 것보다 더 오래 어두운 땅속 같은 세월을 기다려야 할지도 모릅니다.

하지만 기다려야 그날이 옵니다. 몸에 씨앗을 뿌려 봄에 피어나거나 여름에 피거나 혹은 다음해쯤에 피어나고 열매 맺어도 그것은 꽤 실용적이고 결과를 확인하기가 쉬워서 좋습니다.

하지만 한 3년 걸려서 피어나 매미처럼 7년이 걸리는 것도 힘이 드는데 3천 년이 지나야만 피어나는 꽃이 있다면 어떨까요? 그 전설 속의 꽃이 바로 우담바라입니다. 우담바라는 인도말로 우담발화盂曇鉢華 또는 금발라화金鉢羅華라고 합니다. 우담바라가 피어나면 좋은 일이 일어난다고 합니다. 세상을 평화롭게 다스리는 전륜성왕轉輪聖王이 나타나거나 중생을 깨달음으로 인도하는 부처님이 나타난다고 합니다. 그런데 그것이 어려워서 그런지 보았다는 사람을 역사 속에서 찾아보기 어렵습니다. 우담바라는 꽃이 가려져 있어 잘 안 보이는 까닭에 3천 년 만에 한번 핀다는 전설이 만들어진 것입니다. 무화과도 꽃이 꽃받이 속에 피어서 잘 안 보여 무화과라고 한 것이 굳어져서 아직도 무화과라고 부르는 것입니다. 무화과의 일종인 우담바라꽃이 피어나면 좋은 일이 생긴다고 하니 풀잠자리알을 우담바라꽃이라 하여 문제가 생기기도 합니다. 아무튼 이렇게 오랜 세월이 걸리더라도 그러한 환경이 갖춰지면 꽃이 핍니다. 그리고 예정된 사실을 믿고 준비하였으면 결과를 기다려야 합니다. 기다리십시오. 그러면 좋은 결과를 맞이할 것입니다. 선운사 동백꽃보다 더 유명해진 상사화相思花 선운사 주변에 지천으로 피어 있어서 관광객들에게 아름다움을 더해주는 꽃상사화 사실 그것은 상사화라 알려져 있지만 석산石蒜이라고 불리는 꽃무릇입니다. 모양이 비슷하다 보니 상사화라고 알려진 것이지요. 물론 상사화와 꽃무릇은 비슷한 종류의 꽃입니다. 둘 다 수선화과의 식물입니다. 산사화는 슬픈 전설을 가지고 있습니다. 하나는 스님과 처녀의 전설이 있고 다른 하나는 오누이 전설입니다. 둘다 이룰 수 없는 사랑이 배인 전설이지요. 오누이가 사랑에 빠져 있는 것을 좋지 않게 본 옥황상제가 꽃과 잎으로 태어나게 했다는 전설이 오누이 전설입니다. 또 스님을 사랑한 처녀 또는 처녀를 사랑한 스님이 꽃으로 피어난 것이 상사화라는 전설입니다. 오래전부터 상사화가 많다는 이야기도 덧붙여집니다. 그러나 자세히 생각해보십시오. 그것은 맞지 않는 이야기입니다. 왜 그런지 살펴볼까요? 봄에 피는 꽃들은 대개 꽃이 먼저 피고 나중에 잎이 피어나서 꽃과 잎이 서로 만나지 않는 것들이 많습니다. 그런데 같이 돋아나거나 스쳐 지나가듯 돋아나는데 여름부터 초가을까지 피어나는 꽃들은 대개 잎 속에서 꽃이 있어서 같이 돋아나는 것입니다. 그런데 유독 상사화와 꽃무릇은 꽃이 진 다음에 잎이 돋아납니다. 그래서 서로 만나지 못하는 것처럼 생각하고 그런 가슴 아픈 이야기를 누군가 만들어 내고 입에서 입으로 옮기면서 전설로 굳어진 것입니다. 그래서 그런 전설이 생겨난 것이요. 하지만 사찰에 상사화나 꽃무릇이 심어진 데에는 숨이 있는 진짜 이유가 있습니다. 하나는 불교적인 교리가 배어있는 이유이고 하나는 실용적인 이유입니다. 먼저 불교적인 이유를 살펴보겠습니다. 밝음과 어둠은 동시에 존재하지 않습니다. 빛이 많은 상태를 밝다 하고 빛이 적이없는 상태를 어둠이라 합니다. 아무리 수천 년 동안 어두웠던 곳 동굴이나 땅굴이라도 빛이 비치기만 하면 어둠은 흔적도 없이 사라집니다. 아니 어둠이라는 것 자체가 원래 없었습니다. 이상하게 느껴집니까? 본디 밝지 않은 것을 어둠이라고 하는 것이지 어둡다는 실체가 있는 것이 아닌 것입니다. 그와 같이 어리석음과 지혜는 동시에 존재하는 가치가 아닙니다. 마찬가지로 번뇌와 깨달음은 동시에 존재하는 가치가 아닙니다. 어리석음이 없어져야 지혜가 드러납니다. 마찬가지로 번뇌가 없어져야 드러나는 것이 깨달음입니다. 이런 단순하고도 명쾌한 진리를 상징적으로 가르쳐 주기 위해 심은 것이 상사화입니다. 한편 상사화의 뿌리는 독성이 있고 방부성이 있어서 뱀이나 벌레가 싫어하고 좀이 슬지 않는다고 합니다.

그래서 사찰에 심어 뱀이나 벌레가 싫어하고 좀이 슬지 않는다고 합니다. 그래서 사찰 주변에 심어서 뱀이나 벌레의 접근을 막았습니다. 부처님을 그린 탱화에 상사화 즙을 바르면 상하지 않고 좀이 슬지 않는다고 해서 절 주변에 상사화를 심어 많은 것입니다.

미물들의 해충과 독사의 뱀들을 막으라고 심은 것이며 오로지 공부에 전념하여 깨달음을 얻기 위해서 절 주변에 상사화를 많이 심은 참 뜻입니다.

조금 다른 꽃 이야기를 해볼까요? 같은 것이 여럿 있으면 아름답습니다. 꽃무릇이 지천으로 피어 붉은 사태가 난 것 같은 모습을 보면 누구나 함성이 나옵니다. 매스게임의 법칙입니다. 북한 사람들의 체재와 관련된 것이기는 하지만 매스게임을 통하여 벌어 들이는 수입과 일체감 확보라는 더 큰 수익이 있다는 것도 함께하는 효과입니다. 요즘 지자체에서 홍보가치와 수익성을 높이기 위해 각종 축제를 벌입니다. 예부터 내려 온 것도 있고 많이 자라고 있는 대량 군락식물들을 외지의 사람에게 보여 주기도 합니다. 진해의 벚꽃 축제들은 오래된 것이고 이천의 산수유축제라든가 공주의 구절초축제들은 새롭게 시작한 것입니다.

많이 심어서 가꾸기도 합니다. 10만 평이 넘은 논을 연못으로 개량하여 이미 유명해진 무안의 연꽃축제처럼 화순군은 배롱나무

(백일홍)를 곳곳에 대량으로 심어 군 나무를 홍보하고 있습니다.

아직 널리 알려진 것이 아닙니다만 곧 무성하게 자란 배일롱나무와 아름다운 꽃을 볼 수 있을 것입니다. 어려서 논일 밭일을 거들던 아이들이 배고프다고 좋은 옷 입고 싶다고 보채면 어른들이 조임 말을 하였습니다. "저 백일홍나무 꽃이 세 번 색깔을 바꾸면 흰쌀밥도 많이 먹고 이쁜 옷도 사 줄테니 조금만 참아라." 그렇게 조이던 백일홍나무 꽃이 두 번째 색깔을 바꾸고 세 번째에 들어섰습니다. 곧 풍요의 가을이 온다는 희망이지요. 지금 사람들은 백일홍 나무 꽃잎이 세 번 색깔을 바꾼다는 의미를 모릅니다. 자세히 살펴보면 같은 꽃잎이 백일을 가는 것이 아니라 세 번 정도 새 꽃잎이 나서 그때마다 조금씩 앞에 핀 것보다 옅은 색깔이었다가 붉어져서 지기 때문에 생겨난 말입니다. 많이 있는 것은 대개 다 보기가 좋습니다. 혼자서 하는 것보다 함께하는 즐거움을 알면 이루고자 하는 것이 더 빨리 더 확실하게 이루어질 것입니다. 우람바라는 꽃이 가려져 있어 보이지 않아서 3천 년 만에 한 번 핀다는 전설이 만들어진 것입니다. 오랜 세월이 걸리더라도 환경이 갖추어지면 꽃이 핍니다. 그리고 예정된 사실을 믿고 준비하였으면 결과를 기다려야 합니다. 기다리십시오. 그러면 좋은 결과를 맞이할 것입니다.

제 3 장

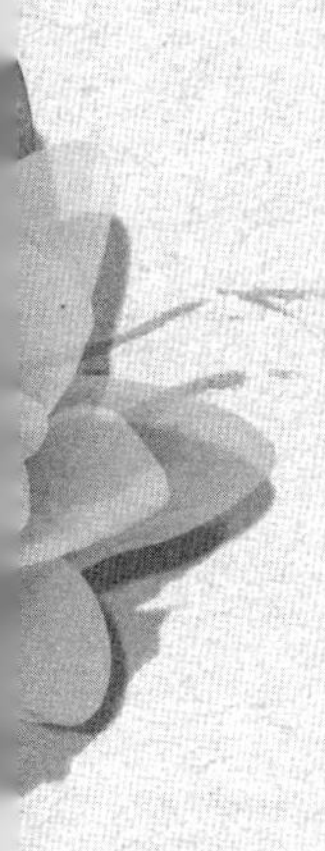

바닷가 모래시장

언제부터 모래사장이 있었던가
잔잔한 바다에 바람이 파도를 만들고
파도에 밀려 모래알을 씻어
은빛 고운 모래알을 끌어당겼다가 놓아주고

엎치락 뒤치락 들랑날랑 파도 소리
작은 모래알 힘없이 끄달려 나갔다 돌아오고
수많은 세월 속에서
점진적으로 쌓이고 쌓여서 백사장 은모래에

한 줌 쥐어보니 마음이 새롭고

쉬어감이 마음으로 들어오고
바람에 바닷물 끌어당겼다 놓고

엎치락 뒤치락 모래성도 만들어 놓고 가노라
자연의 순리에 법칙은 은빛 모래사장은 영원하리라
수많은 세월 속에서 수없는 모래사장

2010. 10. 20. 격포 변산에서 진각 합장

당신이
있어
기뻐요

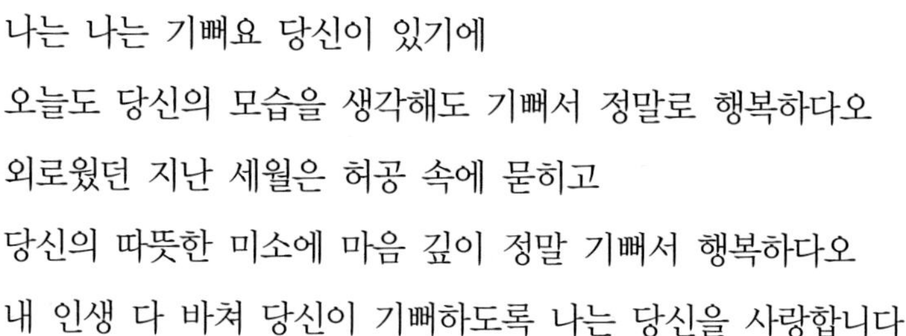

나는 나는 기뻐요 당신이 있기에
오늘도 당신의 모습을 생각해도 기뻐서 정말로 행복하다오
외로웠던 지난 세월은 허공 속에 묻히고
당신의 따뜻한 미소에 마음 깊이 정말 기뻐서 행복하다오
내 인생 다 바쳐 당신이 기뻐하도록 나는 당신을 사랑합니다

나는 나는 기뻐요 당신 옆에 있으니
세상만사를 다 준 다해도 당신만은 못하오
정말 기뻐서 행복하다오
외로웠던 지난 세월은 허공 속에 묻히고
당신의 따뜻한 정에 마음깊이 정말 기뻐서 행복하다오

내 인생 다 바쳐 당신이 기뻐하도록 나는 당신을 사랑합니다

나는 나는 기뻐요 당신과 같이 살수가 있어서
이토록 한평생 당신이 있어 이 세상 떠날때까지
즐겁게 기뻐하며 행복하다오
이 생명을 당신과 같이 평생 살수가 있었다니 정말 기뻐요
내 인생 다 바쳐 당신이 기뻐하도록 나는 당신을 사랑합니다

자작나무
잎새들

어제의 청정한 젊음에서 초록의 장관을 보았건만
그 시절은 잠시도 멈추어주지 않고
기약도 약속도 없이 무작정 가자는데
가는 곳도 모르고 끄달려 끄달려 가다 보니
어느덧 녹색장관은 퇴색되고 갈색빛 쓸쓸히 노을에 젖어 서둘러 서둘러 먼길 떠나려나…….
기다리다 기다리다 냉혹한 바람님 호령에 따라
휘말려서 날리다가 땅바닥에 떨어진 비참한 동행길
낙오자의 슬픔, 슬픔에 울다 울다 지쳐서
깊은 잠에 오고가는 길손들이 발길에 차이고 짓밟혀 산산히 부시지고 찢겨지는 자작나무 잎새들 그래도 한시절 청정한 삶에 자

연의 순리와 법칙에 동반자라오 아~아 이래서 세상만사는 만고풍상이라네

2013. 11. 18. 한국그린문학인 차오석

진각스님, 설법문 중에서

사랑스런 예쁜 꽃이 빛깔도 곱고 향기가 있듯, 아름다운 말 바르게 행하면 반드시 그 결과 복이 있나니.

여러가지 고운 꽃을 모아 꽃다발 만드는 것과 같이 사람도 좋은 업을 쌓아 모으면 저승의 좋은 결과 복을 받나니.

잠 못 드는 사람에게 밤은 길어라.
피곤한 나그네에게 길은 멀어라
바른 법을 모르는 어리석은 사람에게 아아~ 생사의 밤길은 길고도 멀어라.

악한 사람과 벗하지 말고, 어리석은 자와 벗하지 말라.

착한 친구를 생각해 따르고, 뛰어난 사람을 친구로 하라.

악의 열매가 익기 전에는 악한 사람도 복을 만난다

악의 열매가 익은 뒤에는 악한 사람은 죄를 받는다.

선의 열매가 익기 전에는 착한 사람도 화를 만난다.

선의 열매가 익은 뒤에는 착한 사람은 복을 받는다.

그것은 재앙이 없을 것이라 해서 조그마한 악이라도 가벼이 말라.

방울 물은 작지만 점점 큰 그릇을 채우나니, 이 세상의 큰 죄악들도 작은 악이 쌓여서 이루어졌나니.

그것은 복이 되지 않을 것이라 해서 조그마한 선이라 가벼이 말라.

방울 물이 비록 작아도 점점 그릇을 채우나니 이 세상의 큰 행복들도 작은 선이 쌓여 이루어졌나니.

아무리 말을 꾸며 남을 해쳐도 죄 없는 사람 더럽히지 못하나니, 사람 앞에서 흩는 티끌과 같이 재앙은 도리어 자기를 더럽힌다.

아아… 이 몸은 오래지 않아 흙으로 돌아가리라.

정신이 한번 몸을 떠나면 해골만이 땅 위에 버려지리라.

사랑스러운 예쁜 꽃이 빛깔만 고와 향기가 없듯, 아무리 좋고 아름다운 말도 행하지 않으면 결과가 없나이다.

허공도 아니요. 바다도 아니다.
깊은 산 바위틈에 숨어도, 내가 지은 악업은 재앙을 받게 된다.
이 세상 어디에도 피할 곳이 없다.

삶의 무게를 내려놓는 휴식, 명상과 치유

마음 치유를 위한 휴식(명상)은 내일 하고, 모레부터 하는 것이 아니다.

바로 오늘, 지금부터 실천해보자.

어떤 사업가가 우연히 시골 마을을 지나던 중, 어부를 만났다. 그 어부는 느긋하게 낚싯대를 드리워 놓고 쉬고 있었는데, 사업가가 보기에 어부가 고기를 잡는 것 같지 않았다.

사업가가 어부에게 다가가 물었다.

"선생님, 왜 고기를 잡지 않습니까?"

"오늘 필요한 고기는 다 잡았기 때문에 더 이상 고기를 잡지 않습니다."

"이상하군요, 당신은 아직도 일할 수 있는데, 설령 필요한 만큼 잡았더라도 이렇게 쉬지 말고, 더 많은 고기를 잡아서 이윤을 많이 남기면 부자가 되잖아요."

"힘들게 일해 돈을 많이 벌어 부자가 된 다음, 그 다음은 무얼 합니까?"

"그때는 느긋하게 쉬면서 남은 인생을 보내는 겁니다."

"그런데 나는 지금도 느긋하게 인생을 쉬면서 일하고 있습니다."

이 글을 읽으신 그대여! 그 사업가는 자신의 말대로, 그가 과연 부자가 된 다음 남은 인생을 편안히 쉬면서 보낼까요? 사람들마다 사고가 다르기 때문에 단정할 수는 없지만 그 사업가는 죽을 때까지 돈 버는 일만 궁리하고 애착부리다 이 세상을 떠날지도 모른다. 바로 이 사업가는 우리들 모두의 자화상이다.

일반 사람들의 삶을 들여다보자, 젊은 학생들인 경우, 오로지 대입 합격을 목표로 19세까지 학교 교실 안에서 지낸다. 대학에 들어가면 상아탑 같은 학문의 터전이 아니라 오로지 취업을 위함 스펙 쌓기에 혈안이 되어 있다. 대학생들 과제물을 읽어보면 저학년인데도 대학생으로서 누리는 젊음은 없고, 스펙과 미래에 대한 불안감으로 가득 차 있다. 대부분의 대학생들이 자신만 스펙을 쌓지 못하면 뒤쳐진 것이라 생각하고 불안해한다. 졸업하고 취업을 하면, 그때부터 또 경쟁이 시작된다.

팀장이 되려고 기를 쓰고, 팀장을 하면 과장을 원하고, 더 나아가 부장 자리를 원한다. 40대에 부장 자리에 앉으면 이때부터 치고 올라오는 후배들 때문에 불안하고, 언제 명예퇴직 당할지 몰라 전전긍긍 좌불안석이다.

도태되지 않기 위한 인간의 삶이 마치 동물들의 영역 표시하는 것과 다를 바 없다. 자신의 삶의 영영보다 더 넓은 영역을 차지하려고 하고, 자신의 능력보다 더 많은 것을 원하기 때문에 인간의 마음은 잠시도 쉴 틈이 없다.

정당하게 이윤을 추구하는 것이 아닌 약자를 착취해 배를 불리고, 남을 짓밟아서라도 명예를 구하고, 올바른 인간관계가 아닌 이윤추구를 위해 사람을 이용하는 등 우리는 인간답지 못한 욕심을 부린다. 우리네 사람들은 탐욕으로 병에 걸리고, 집착과 욕심이 만든 스트레스로 인해 삶의 진흙 밭에서 허우적대고 있다. 건전한 욕심을 내어 바른 삶을 지향하는 진보적인 욕심이 아니라 그 이상의 탐욕을 부린다는 뜻이다.

의학적으로도 암은 유전보다는 후천적인 데서 발생한다고 한다. 그 단적인 예로 일반 사람보다는 프로축구 선수나 야구 선수들이 단명한다는 연구 발표가 있었다. 남들보다 좋은 실적이 있어야 한다는 강박감에 시달리기 때문에 결국 자신의 병을 키우는 것이 아닌가 싶다.

우리 모두는 '삶의 무게가 버겁다'고 불평하면서도 내려놓지 않고 계속 짧어지고 있다. 서글픈 이야기지만 현재 지상에 살고 있는 우리 중생들의 현재 모습이다.

무한 경쟁시대에 놓인 현대인들의 삶은 마음 한 켠 쉴 곳이 없이 늘 쫓기듯 살고 있다. 불완전한 삶이 우리를 초라하게 만들고, 불확실한 갈망으로 유토피아를 꿈꾸지만 이상세계는 너무 멀리 있다.

그러니 조용히 사유해 보자.

긴간으로 태어나 허우적대며 살다가 쓸쓸히 죽기에는 인생이 너무 허전하지 않은가! 현재만 힘든 것이 아니라 어느 시대고 힘들지 않은 시대는 없다. 지금 쉬지 못하는데 몇 년 후에 유토피아 세계가 있을 거라고 누가 장담하겠는가.

≪불교유경≫에 이런 말이 있다.

> 만족할 줄 모르는 사람은 수만금을 가지고 있어도
> 가난하다고 신세 한탄하지만,
> 만족할 줄 아는 사람은 비록 가진 것이 적을지라도
> 최고의 부자라고 생각한다.

그래서 진정한 행복은 소유하지 않는 무소유가 아니라 가진 것에 만족할 줄 아는 마음이다.

그러니 키워드는 바로 욕심과 욕망이다.

부처님 당시에도 부처님께서는 수행자에게는 무소우를 강조했지만. 재가자들에게는 무소유가 아니라 집착과 욕망을 다스려 자신의 이익을 타인들에게 보시하는 베풂을 강조하셨다.

자신에게 끊임없이 일어나는 불필요한 욕망을 내려놓는 일, 그 자체가 만족할 줄 아는 것이요, 바로 행복으로 가는 지름길이다. 진보적인 삶을 위해 진취적인 욕망을 갖지 말라는 것이 아니다. 만족할 줄 모르고 허둥대는 인간의 이기심, 불필요한 욕심을 내려놓으라는 것이다.

휴식, 명상은 현대인들에게 끊임없는 욕심과 갈망에 대한 멈춤을 의미한다고 볼 수 있다. 명상이라는 단어는 '치유한다'는 의미의 라틴어에서 파생된 것으로, 바쁜 현대인들에게 정신적 육체적 휴식을 의미하기도 한다.

마음속에서 좋지 못한 생각이나 불안함, 화가 일어난 마음 등을 한 곳으로 모아 집중시켜, (마음의) 안정과 (육신의) 치유를 위한 착한 호르몬으로 바꾸어 나가기 때문이다. 이에 명상을 통해 몸과 마음이 이완된 상태에 머물게 되므로 안정을 찾을 수 있는 것이다.

자신이 어떤 마음으로 살아가고 있는지를 자각해 보는 것도 행복한 길로 접어드는 것이요, 그자체가 곧 명상이 된다. 언제 우리에게 죽음이 닥칠지 모른다. 계속 미루게 되면 죽을 때까지 못하게 된다. 마음 치유를 위한 휴식(명상)은 내일하고, 모레부터 하는 것이 아니다.

바로 오늘, 지금부터 실천해보자.

세상에서 제일 편안하게 휴식하며

누워서 좌선법

〈진각 선불교조계미륵종종정〉

〈경희〉

구한말 경희선사의 제자 가운데 혜월慧月 스님이 있었다.

혜월 스님은 무소유 정신과 자비사상으로 중생을 보듬었던 일화를 많이 남긴 분이다. 천진天眞 도인으로 불리었으며 남들이 이해하지 못할 정도로 욕심이 없으셨다고 한다.

혜월스님이 파계사에 머물고 있을 때 송광사의 한 젊은 선객이 찾아왔다.

선객이 인사를 올리며 혜월스님에게 말했다.

침선을 배우고자 전라노에서 대구까지 왔습니다.

큰스님 시절 인연을 보고자 합니다. 참선에 무얼 하고자 하는가?

부처가 되고자 합니다.

참선은 앉아서 하는가? 서서 하는가?

앉아서 합니다.

그놈의 부처는 다리병신인 모양이지 앉아만 있으니…….

몇 년 전 조계종강원에서 강의할 때 만해로 선禪이란 행주좌와 어묵동정 속에서 할 수 있다는 것을 설명하는데 껄끄럽기도 하고 자신감이 없었다. 그런데 미얀마에서 수행하면서 어떤 행동을 하면서도 명상이 가능하며 특히 누워서도 충분히 명상이 가능하다는 것을 확신할 수 있었다.

한번은 감기가 걸려서 하루 종일 선방에 가지 못 한 적이 있었다.

이때 누워서 1시간 정도 명상을 했는데 마치 선방에서 좌선하는 것처럼 집중이 잘되었다. 그 당시의 환희심은 몇 년이 흐른 지금도 그대로 느껴진다. 수행코자 하는 마음만 있다면 누워서든 서서든 걸을 때도 명상은 충분히 가능한 일이다.

하지만 부처가 되고자 하는 간절함이 있어야 깨달을 수 있다는 것을 반드시 알아야 한다.

당나라 때 영가 천각선사는 〈종도가〉에서 행역선行亦禪 좌역선坐亦禪 어묵동정체안연語默動精體安然이라고 하였다 즉 걷는 것 이외의 움직임도 선이요, 앉는 것도 선이니 말하고 침묵하며 움직이고 움직이지 않을 때에 신체가 항상 편안하다는 뜻이다 이렇게 어떤 행동을 할 때도 명상이 가능하다는 확신을 가지고 있다 하여 미국인 존카밧진의 Jon Kabat-zinn의 바디스캔 Bodyscan 명상을 알게 되었다. 이에 카밧진의 바디스캔과 위빠사나 명상해 누워서 하는 명상을 시도해 보았다.

누워서 명상하기 전 후의 마음자세

첫 번째 건강을 고쳐야지, 집중력을 키워야지

마음을 편안케 해야지… 등등 어떤 목적을 가지고 명상을 해서는 안 된다. 목적의식이 있으면 명상은 제대로 되지 않는다. 단지 현재 이 순간 이 순간 인생의 최고이자 마지막이라는 긴장감을 갖는다.

두 번째: 명상 시작할 때와 중간 중간에 자신이 현재 무엇을 하고 있는지 마음의 자세나 느낌 등 마음가짐을 점검한다.

세 번째: 자신이 자신의 신체를 훑으면서 각 부위에 집중하는데 특정 부위에 생각을 멈추고 다른 생각에 빠지지 말라. 또한 자신의 신체 부위에 어떤 선입견이나 편견을 갖지 말라.

넷째 그 신체 부위 때 의식을 집중 할 때 오직 그 순간의 현재와 신체의 부위에만 몰입한다. 신체 부위에 집중하다가 다른 생각이 들면 그 생각은 단지 스쳐지나가는 생각뿐이라고 알아차림을 하고 다시 그 신체 부위로 돌아간다.

누워서 명상하는 방법

① 누워서 간단히 스트레칭을 한다.

② 눈을 감는다. 아니면 눈을 떠도 된다.

머리서부터 마음을 발끝까지 물 흘리듯 내린다.

자신의 얼굴을 확인한다.

자신이 웃는 얼굴을 하고 있는지 찌푸린 얼굴을 하고 있는지 확인해 본다.

확인해 본 뒤 미소를 띤 얼굴로 바꾼다.

환한 얼굴로 바꾸면 마음도 동시에 평온해지기 때문이다.

③ 왼발의 엄지발가락부터 시작해서 두 번째 발가락 발바닥 발틈 발목 무릎 넓적다리 골반까지 순서대로 사띠를 챙기며 순서대로 집중한다.

왼발이 끝났으면 오른발도 발가락부터 골반까지 집중한다.

④ 왼쪽 엄지손가락도 왼쪽과 같이 어깨까지 이동하면서 집중한다.

⑤ 오른 손가락도 어깨까지 이동하면서 집중한다.

골반에서 등짝 전체 허리와 배 등과 가슴으로 훑으며 이동한다.

⑥ 목, 목구멍, 입, 코, 귀, 눈 이마 머리 정수리까지 이동하면서 집중한다.

⑦ 머리 정수리에는 구멍이 있다고 생각하고 마치 화산이 폭발하는 것처럼 그 구멍으로 좋지 못한 기운과 모든 스트레스가 빠져나가는 상상을 한다.

⑧ 이번은 ⑦번과 반대로 다시 그 정수리 구멍으로 자신이 가장

원하는 것이 성취되었을 때 상상하며 그 구멍으로 자신이 원하는 일이 들어오는 상상을 한다.

⑨ 현재의 있는 자신이 가장 행복하다는 마음을 재차 확인한 뒤 고요히 마음을 텅 비우고 단순히 누워 있어라.

⑩ 좀 더 명상에 집중하고 싶다면 두 손을 자신의 배 위에 올리고 배가 올라갔다 내려갔다 하는 것을 느껴보아라.

이렇게 누워서 명상을 하면 좌선보다 더 편안하게 느낄 수 있다. 즉 마음과 신체가 이완되면서 긴장감이 줄어들고 스트레스가 해소된다.

한편 몸과 마음의 일체감도 느낄 수 있다. 하지만 와선은 명상에 어느 정도 숙달 된 사람이 해야 하며 초보자는 짧은 시간 동안 하는 것이 좋을 듯하다.

굳이 평소에 명상을 안 하는 사람도 잠자리에 들기 전에 해보기 바란다. 누워서 명상을 하다 보면 마음보다 몸에 쉽게 이완되어 치유되는 효과가 있다. 신체부위 중 통증이 있는 부위가 있다면 그 통증에 알아차림을 해보라 완화되는 효력을 보게 된다.

건강에 매우 좋다.

세계는 일화

세계는 일화一化라는 일붕 큰스님의 말씀이 생각난다. 꽃잎 하나 하나는 개인이요

화편花片이 모여 한송이 꽃이 된 것은 한 가정이요 사회며 국가이다. 꽃잎 하나가 병들면 다른 잎들도 쉽게 전위되어 병들기 때문이다.

나 한사람 건강한 생각을 가진다면 이 세상은 참으로 아름다운 한 송이 꽃이 될 수 있다. 건강한 가정, 건강한 사회, 건강한 국가 이것이 밑거름은 바로 나 자신이다.

월악산. 1995년. 3월 16일.

말에는 논리

말에는 논리論理가 있고 사물에는 물리物理가 있고 생각에는 심리心理 어떤 일을 해가는데는 사리事理가 있다고 한다. 꽃을 한 송이 한 송이 정리 하다보면 마음에 때를 씻듯 깨끗해지며 단아하고 고요하여 꽃이 사람이 되고 사람이 꽃이 된다. 그래서 사물을 보는데 마음으로 보다.

계절의 순환

계절의 순환은 올해도 어김없이 모두 밀어내고 말았다. 그토록 아름다운 봄의 꽃들도 무더운 여름의 푸름도 가을의 풍성함도 계절의 순환에는 밀리는 것 같다.

순리順理란 가장 큰 질서이면서 아름다운 양보다 어떤 종교보다 가장 자연주의인 우리 불자들도 자연自然주의인 우리 불자들도 자연의 순화에서 질서와 양보를 배워 본다면 불자들의 손끝에서 완성되는 모든 것에는 불성佛性이 감돌 것이다.

작은 것에 만족하라

많은 것 보다는 적은 것에 부富보다 곤궁한 것에 정情을 느끼는 것은 따뜻한 사람들의 마음 때문일 것이다. 한송이 아가판샤쓰 너무 고고하여 정숙이란 단어로 칭찬하고 싶다. 마음이 저절로 조용해진다. 단정한 수행자 앞에서 우리가 옷깃을 여미듯 한송이 아가판샤쓰 너무나 정숙한 너에 단정한 그 모습, 나의 정신의 일체로다.

대구 법전사에서

제 마음을 이겨야 한다

제 마음을 이기지 못하면 남의 마음도 이길 수 없다. 그러므로 제 마음을 극복해야 남의 마음을 이기게 되는 것이다.

또한 집착하는 까닭에 탐심이 생기며 그 까닭에 얽매이게 되며 얽매이는 까닭에 아픔과 괴로움과 번뇌가 뒤따르는 것이다.

건강은 가장 큰 재산

건강은 가장 큰 이익이고 만족은 가장 큰 재산이다. 믿고 의지함은 가장 귀한 친구이며 대자유는 최고의 편화이며 나의 건강은 나를 지켜주니까 가장 큰 재산이 되며 건강이 없는 인간은 삶의 가치도 없으며 영웅호걸도 건강치 못하면 그 가치도 없다.

눈

나무를 잡았다가 이내 날아 떨어지고 하늘에 이어 빽빽하다가 다시 비껴 날으네

잠깐동안 시내 위의 비와 어울렸다가 어느새 산골짝이 꽃이 되나니 들을 가는 나그네는 다시 길을 헤매고 숲에 사는 새들은 마침내 집을 잃네. 바람을 따라 또 스스로 부딪힐 때 땅에 가득, 흰 빛이 어지러이 뒤얽히네

양평용문사에서

제 4 장

배꽃 | 시골집에 가다 | 청산에 머물고
보슬비 | 석양 빛 | 새벽
감흥 | 운장암에서 안거 중
운을 따라 | 죽비 | 마이산
송아지 | 해돋이 | 한국그린문학
인생고해 | 감정 | 화두
무심 | 석양 | 모악산

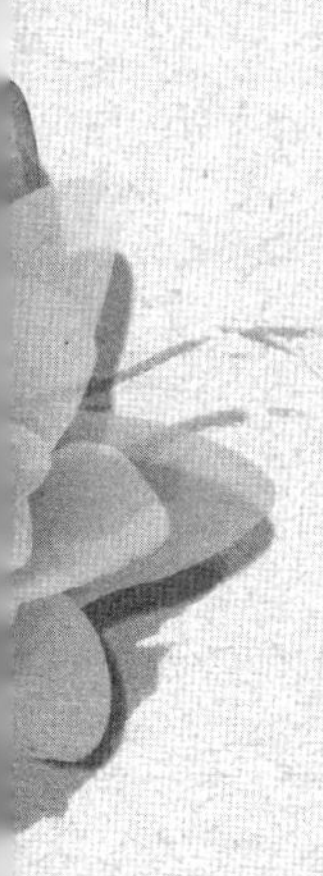

배꽃

나무에 가득 첫 눈이 내렸더니 바람을 따라 가지를 떠나나니 시내 아래 위로 어지러이 떨어지고 집 이쪽 저쪽에 힘없이 놓여 있네. 벌집이 못쓰게 될 것 애석히 여기니 나비 길의 곤궁함을 누가 가엾이 하리 한 봄철의 꽃 사정이 이미 끝이 났나니 부질없이 심중의 달이 몽롱하여라.

滿樹初成雪, 亂鋪㥏上下, 辭枝使逐風
殘點呈西東, 自惜蜂房廢, 一春花事盡
誰憐蝶路窮, 山月謾朦朧

진각 나주에서 배꽃을 보고

시골집에 가다

지는 해 그림자 산을 내려 새는 급히 나는데 고향 그리는 나그네는 미쳐 못 돌아갔네.

앞의 숲이 차츰 어두워지고 풀벌레 소리 시끄러운데 길 물을 사람 없는 때 홀로 서 있네.

언덕을 따라 갑자기 이르렀나니 두어집 마을인데 콩꽃핀 깊은 곳에 이제 막 문 닫았네

주인 첨지는 굳이 누워 불러도 대답 않고 성난 소리 고함치니 내도로 미움 샀네.

늙은 할미는 나 꾸짖고 개는 옷자락을 무는데

떨치고 가려 하나 끝내 갈 곳 없나니

머리 숙여 겨우 얻은 것 허물어진 추녀 밑센 바람 찬 서리에 한

밤을 지새도록 떠네

밤이 깊어 어린아이의 그치지 않는 울음소리 이리는 그 소리 듣고 와서 울타리 구멍으로 엿보나니 평생에 이런 고통당한 일이 없기에 날 세기를 기다려 지팡이 재촉하여 동행삼아 떠나간다.

청산에 머물고

청산青山이 깊고 또 깊어 세상 나그네 오는이 없네

혼자 앉았으니 봄낮이 걸리니 이 산중의 적적함을 무엇으로 위로하리 두 세 소리의 아름다운 새는 때로 발결으로 드나드는데 붉은 벼랑에는 맑은 폭포쏟아지고 푸른 절벽에는 가벼운 안개 떴네.

시름없이 한국조 노래를 마치나니 어느 새 온산에는 저녁 빛 어두웠네.

보슬비

보슬보슬 아스란히 봄비가 나리나니 온갖 꽃들이 한꺼번에 다 피었다. 내 옷에 사는 많은 법려法侶들 동대東臺에 올라 보라고 나를 권하네

저녁 별을 처음으로 바라보나니 기상氣象은 어찌 저리 아름다운가? 지팡이 짚고 대를 내려 돌아 오네.

석양 빛

석양에 그윽한 산에서 내리는데 황혼이라 스님네는 절문을 닫네. 갑자기 저 산이 달을 토해 내라니 자던 새 놀라 일어 퍼득거리네.

실 바람은 때때로 그 소리 보내 봄 꿈속의 내혼을 뒤로 하는데 뿌실뿌실 부딪쳐 대 숲은 시끄럽고 찰찰찰 샘물 흘러 그 소리 차가와라 내 혼자 노래하며 내 혼자 즐기나니 무엇하러 구태어 지음知音을 기다리리

새벽

이른 새벽에는 맛난 우물을 긷고 내스럼 저녁에는 좋은 차를 달이나니 그것 마셔 내 목을 적시려 하는데 어쩌면 신맛은 그리 많은가? 갑자기 머리 돌리면 봉오리마다 높고도 험상 궂게 솟아 있는데 희돌에는 점점이 이끼가 아롱지고 푸른 벼랑에는 칡 넝쿨도리웠네 뜬 세상이 마침내 그 끝에 있거니 아름다운 이 풍광風光을 어찌할꼬?

감흥

온 종일 떠서 날아가는 저 구름 날고 또 날아 북쪽으로 돌아가네. 만고에 그 많은 영웅호걸들 얻고 잃음 많거니와 시비도 많네 아무리 그 시비 많다 하여도 마침내 날아가는 뜬 구름과 같은데 뜬 구름 본래부터 자취 없나니 나 또한 저 구름과 의지해 있네. 내 손에 든 것은 합죽선의 가지인데 내 몸에 입은 것은 삼베옷이네.

내 일찍 스스로 큰 뜻을 품었나니 슬프다. 부질없이 세상과 어긋났네. 일심참회하옵나니라.

북한산 보리사에서

운장암에서 안거 중

봄바람이 얼굴을 스치는데 남창南窓을 의지하며 한종일 세속일 잊었으매 늙은 방龐씨와 같네. 베개에 기대였으면 떨어지는 꽃은 조각조각 오는데 발을 걷으면 새들은 쌍쌍이 날아가네.

동쪽 모퉁이에서 굽어보면 창룡굴蒼龍窟인데 서쪽 언덕 위의 집에서 돌아보면 백마강白馬江이 비 그윽한 길에 풀이 깊어 오는 손이 없나니 이 쓸쓸함을 누구와 더불어 다정하게 이야기할꼬?

부여 운장암에서

운을
따라

바람이 오면 구름이 쫓아오고 바람이 가면 구름이 따라 간다. 구름은 바람을 따라 가고 오나니 바람이 쉬면 구름은 어디 있노?

법징상인(法澄上人)

법의 법다운은 진여眞如의 법이요 맑고 맑음은 성해性海의 맑음이다. 맑고 맑은 법다운 법안에 그 어느 법이 맑고 맑지 않으랴.

法法眞如法, 澄澄性海澄
澄澄法法內, 何法不澄澄

완도 관음사 설법도중

죽비

대나무 너는 참 대단한 기질을 가지고 있어 봄에는 아주 보드랍고도 여렷한 모습으로 태어나서 한 여름 더운 햇볕에 단단한 몸으로 달련되어 차가운 겨울 바람에 깡깡한 몸으로 강철같이 굳게 달져진 너에 모습 청정하고도 강직한 너를 보고 사람들은 대쪽 같은 궂은 의지의 사나이라 한다. 너는 마음이 비워있기에 어떤 유혹에서나 어떤 폭풍이 불어도 굳건한 모습으로 대군 큰소리 딱딱딱딱 좌선방

선승들의 잡념을 몰아친다. 죽비연가

마이산

마이산은 말에 귀와 같다해서 마이산이라고 이름 붙혀 마이산 하지만 마이산의 신령스러운 것은 천황문이 있고 천탑이 있다.

삼라만상의 제일 성군산왕대신산신령님의 가피로 마음 열어주고 민초들의 소원을 받아 들이는 마이산 탑군 따뜻한 가마솥처럼.

언제나 가득한 엄마품처럼 손모아 촛불한개 밝히면 솟금밥 한그릇 주시네 솟금의 주력에 신비의 천탑바람도장 들고 햇님도 반겨주며 달님도 쉬어가고 구름도 쉬어간다니 신비의 령산 군당이로다.

송아지

송아지 너는 아직 어린 송아지라서 내 앞날을 모를 것이지만 다섯 살만 되면 너는 너에 일생을 끝마치고 내 육신은 사람들께 내주고 너에 털옷은 카펫 부품이 되고 너에 피부는 가죽 공장으로 가 각종의류, 장갑, 구두, 벨트로 갱신되고 너의 피는 사람들의 먹거리가 되며 너의 뼈도 곰탕집에 가고 너에 몸뚱이 어느 부분 하나 버리지 않고 사람한테 헌신하고 무상의 죽음으로 돌아간다.

그러나 사름으로 태어나서 자기 자신의 몸을 지탱 하지 못하고 태어나서 죽을 때까지 남에게 피해를 주고 부모형제의 괴로움만 주다가 죽는 사람에 비교할 때 송아지로 태어나서 소가 되었으나 단 한 번도 죄업을 짓지 않고 착한 마음으로 살다 어떤 것 하나 가지고 남김없이 몽땅보시 하였으니 다시는 소라는 몸 받지 말고 착한 사람될지어다.

그래서 소만도 못한 놈 이라고 말하느리라.

해돋이

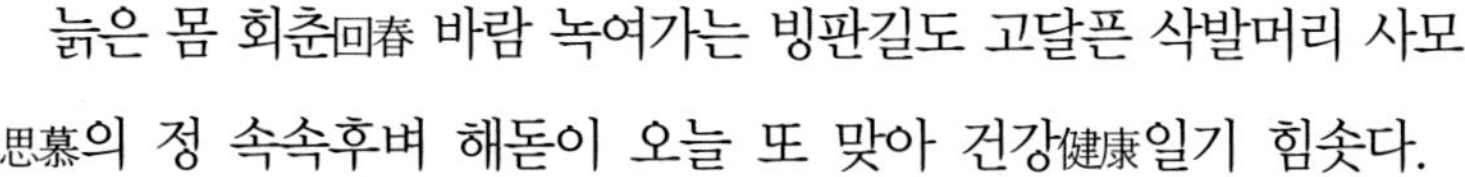

늙은 몸 회춘回春 바람 녹여가는 빙판길도 고달픈 삭발머리 사모思慕의 정 속속후벼 해돋이 오늘 또 맞아 건강健康일기 힘솟다.

한국
그린문학

낙엽들 인생앞에 자기고백自己告白 뚝뚝 떨궈 반세기 빛난 역사
낙락장목 내린 뿌리 흐르는 금은金銀 빛 세월 한국그린문학연근다.

인생
고해

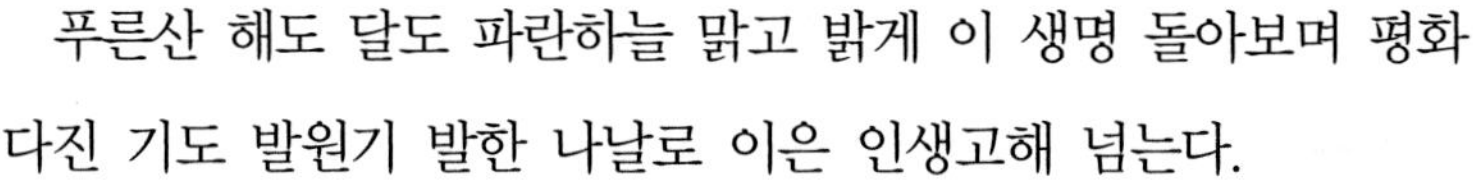

푸른산 해도 달도 파란하늘 맑고 밝게 이 생명 돌아보며 평화 다진 기도 발원기 발한 나날로 이은 인생고해 넘는다.

감정

사람에는 감정과 이성 이념 있다.

이런것들이 사람속에서 잘못된 견성심이 지속되어 악惡의 소굴에 떨어진다.

모든 것 사물 마음에 담지 말라.

감정憨誕 제 자신의 독이 된다.

화두

내 몸둥이가 내 몸인 줄 믿지 말라
그림자와 같으니라
형상은 있으나 형체는 없어진다.
진실은 참나를 찾아서 인생본래로 돌아가라.

무심

나는 내 자신을 버린다. 산다는 것은 곧 죽음이며, 죽기위해 사는 인생 인생의 가치는 헌신, 진정한 사랑, 확실한 사랑 그 사랑속에 참나가 있으리. 그래서 무심 무심은 온 천하를 받을 수 있다오.

석양

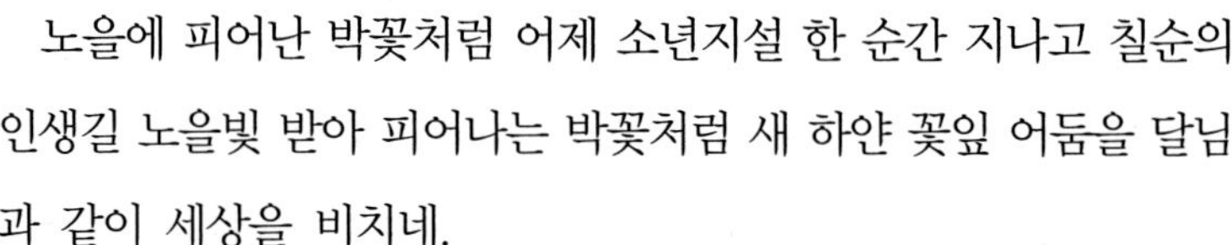

노을에 피어난 박꽃처럼 어제 소년지설 한 순간 지나고 칠순의 인생길 노을빛 받아 피어나는 박꽃처럼 새 하얀 꽃잎 어둠을 달님과 같이 세상을 비치네.

박꽃잎 다물고 파란싹 옆에 몸받쳐 주려나 음~음 노을빛 인생길 따라가리.

모악산

모악산 동쪽은 대원사, 남쪽은 금산사, 서쪽은 증산도 대순자리, 북쪽은 귀신사 모악산의 사대의 혈기 맥의 힘을 받아 신비의 비경은 어머님의 마음과 같이 모두 안아주고 반겨주며 모악산 머리 위에는 큰 송신탑이 있다.

어머님은 오늘도 고달픈 몸으로 시름하고 계시네.

산을 찾는 산악인의 참나의 모악산을 마음에 담고 나의 육신통에 부분이라 생각하고 마음 깊이 효행심의 일체가 되길 바라이다.

| 글을 마치며 |

자서전을 마무리 지면서 다음 2집에는 구도 수행으로 해탈하여 삼리상담 1급 공인 취득하고 나서 현재 여리중생들께 상담하고 있고 심리적기도(즉) 심령기도로 모든 삶에 다소간 도와주고 있다. 사람으로 태어나서 큰 재산은 삼독번뇌를 일으키는 탯줄이 되기에 무상심신은 미묘법칙이라.

자연섭리에서 열반락까지 무차귀일로라

안락종토로 인도되어 나지도 않고 죽지도 않고 영원할지라 저자의 끝마무리에 머리 숙여 기도드리면서 사사불공은 처처물생이라, 일일시호는 대호인이라. 공들이는 마음이 어떤 일 어떤 곳에든 나의 소망이 좋은 결과로 크게 한해를 보내리라.

노을빛 인생

인쇄 2014년 03월 17일
발행 2014년 03월 20일

지은이 차오석(진각스님)
발행인 서정환
펴낸곳 신아출판사
주소 전북 전주시 완산구 공북 1길 16(태평동 151-30)
전화 (063) 275-4000 · 0484 · 6374
팩스 (063) 274-3131
이메일 shina2347@naver.com sina321@hanmail.net
출판등록 제465-1984-000004호
인쇄 · 제본 신아출판사

ISBN 979-11-5605-062-9 03810
값 15,000원

이 도서의 국립중앙도서관 출판시도서목록(CIP)은 서지정보유통지원시스템 홈페이지(http://seoji.nl.go.kr)와 국가자료공동목록시스템(http://www.nl.go.kr/kolisnet)에서 이용하실 수 있습니다.(CIP제어번호: CIP2014008894)

Printed in KOREA